U0491307

中国顶级交易员访谈丛书 

来 自 成 功 交 易 者 的 宝 贵 经 验

交易员的自我修养

徐华康 著

企业管理出版社
ENTERPRISE MANAGEMENT PUBLISHING HOUSE

图书在版编目（CIP）数据

交易员的自我修养：中国顶级交易员访谈实录．徐华康 / 徐华康著．北京：企业管理出版社，2021.4

（中国顶级交易员访谈丛书）

ISBN 978-7-5164-2352-3

Ⅰ．①交… Ⅱ．①徐… Ⅲ．①金融投资—经验 Ⅳ．① F830.59

中国版本图书馆 CIP 数据核字（2021）第 053032 号

书　　名：交易员的自我修养：中国顶级交易员访谈实录. 徐华康

作　　者：徐华康

责任编辑：李坚　张楠

书　　号：ISBN 978-7-5164-2352-3

出版发行：企业管理出版社

地　　址：北京市海淀区紫竹院南路17号　　邮编：100048

网　　址：http：//www.emph.cn

电　　话：编辑部（010）68414643　发行部（010）68701816

电子信箱：qiguan1961@163.com

印　　刷：三河市东方印刷有限公司

经　　销：新华书店

规　　格：147毫米 × 210毫米　32开本　6.625印张　120千字

版　　次：2021年4月第1版　2021年4月第1次印刷

定　　价：78.00元

“证券交易，天下最彻头彻尾充满魔力的游戏。但是，这个游戏愚蠢的人不能玩，懒得动脑子的人不能玩，心理不健全的人不能玩，企图一夜暴富的冒险家不能玩。这些人一旦贸然卷入，到头来终究是一贫如洗！”

——杰西·利弗莫尔

丛书出版说明

相信读过不少投资交易类图书的读者朋友，对于国外出版的《金融怪杰》系列图书一定不陌生，该系列图书通过对各投资领域的投资者进行采访，给想了解这些人的交易理念和方法的读者一个难得的渠道。

但是，该系列图书存在两个问题：一是访谈不够深入的问题。由于时间和篇幅限制，许多内容浅尝辄止，难以深入挖掘一名交易员经历中真正能给人启发的东西。二是访谈对象均为境外投资者。国内投资市场经过几十年的发展，在向西方学习的同时，越来越体现出自己个性化的特征。国外的交易经验放到国内的投资土壤中，有时会存在水土不服的情况。而国内本土交易员的成长经历和交易方法，市面上公开的较少，顶级交易员的经验，更是极少传播。

基于以上原因，三友诚品图书、“老徐话期权”团队一起，共同策划了这套丛书。访谈对象不以名气论英雄，而看重真材实料。其中有神秘莫测的做市商，有大型金融公司的操盘手，有业绩显赫的私募老总，有名不见经传的民间高手，有独辟蹊径的交易怪才……这些交易者中，有的健谈，有的惜句如金，所以，这套书也厚度不一。但总体来说，我们希望每一本都是浓缩“干货”的书，不堆砌、不废话。

我们致力于通过十数年时间，遍访交易高手，汇集成交易经验的饕餮盛宴，以飨读者。读者可以在对比阅读中各取所需，提取适合自己性格和经历的交易干货，站在巨人的肩膀上，尽快走向稳定盈利之路。

该丛书存在两个挑战，一是物色挑选优秀交易员，并说服他接受采访，和大家分享他多年金钱堆积而积攒的宝贵经验；二是在与每位交易员有限的几天一对一访谈时间内，尽可能挖掘出该交易员经验中可资借鉴的内容。不足之处，欢迎读者和各路高手批评指正。联系邮箱：qiguan1961@163.com。如果您对该丛书或交易员访谈感兴趣，也欢迎关注微信公众号“你想赚什么钱”（jiaoyiyuanfangtan），持续关注该套丛书的最新单品及交易员访谈视频。

丛书序

徐華康

我们谁都没有超能力。

如果你走在北京或上海的街上问路人，是否有预测未来的能力，他们必定会投以奇怪的眼光说："你有病吧？是否应该去医院挂个号？"这个问题似乎不应该被正常地询问，因为我们没有超能力也不可能去预测不可知的未来。

在同样的时空下，你是否经常地买卖股票或其他标的资产，自信地预测价格的上涨或下跌？所有人都说无法预

---

① 徐华康，有着20多年交易经验的衍生品专家，微信公众号"老徐话期权"，曾出版《我当交易员的日子》《财富自由之路：ETF定投的七堂进阶课》等书。

测未来，言行却不一致，以为自己通过某个图形或消息就可以预测未来，达到获利的目的。

这是否很矛盾？

在投资上，我们需要在不确定的情况中寻找未来的确定性，通过种种不同的分析方法，用尽所有的努力去找可靠的讯息，只希望能让答案更清楚一点,达到稳定获利的目标。虽然没有预测未来的能力，但是有些人却能将这件事做得很好，获得巨大的成功，也有些人走了长长的弯路后取得了不错的成果。

我们希望能通过成功者的经验,缩短学习的过程，让投资交易的成功路径最短。但根据我多年的经验，某些事情偶尔发生也许会更好，毕竟有些道理是无法教的，直到吃到苦头才会真正学到。你会在书中发现，原来交易员或市场老手，大多都走过一样的路，受到相同的挫折；你可以看到，他们如何克服这些困境，才能在这漫长孤单的旅程中看到更好的风景。

我常常说，交易是一种选择,而不是运气。

在行情下跌的时候你可以选择持续持有或止损出场，

在行情上涨时，你也可以选择持有或获利了结，所有的决定权都在自己手上，但大多数人却将自己的错误选择归咎于运气。当你赚钱了，是天生英明神武的自己选择正确，亏钱的时候则是时不我与的运气不佳。我们应常常向外面的世界看看，那些过去做得比较好的交易员以及你的交易对手们都在怎么做这些事，为什么有些人总是做得比较好，面对错误的选择时，他们如何不让其变成一场灾难。

错误也是这场游戏的一部分。就如同查尔斯·艾利斯（Charles Ellis）在《投资艺术》（*Winning the Loser's Game*）一书中曾说到，在赢家的游戏中，结果取决于赢家正确的行动，在输家的游戏中，结果取决于输家所犯下的错误。而参与者众的投资市场中，你不用是巴菲特或索罗斯，也可以赚到钱，就如同你去参加一场德州扑克的牌局，就算同桌有世界冠军，你仍有可能赚到盆满钵满，只要同桌的菜鸟足够多。就如同投资本来就是一场输家的游戏,我们能够获得成功，不在于我们做得比巴菲特更好，在于我们犯了比市场上其他投资人更少的错，甚至不犯错。

专业投资人做正确的行动，而业余投资人不断犯下错误，而且他们并不知道错在哪里。当股市见顶或触底时，业余投资人最有可能犯下“非受迫性失误”，因为在每一个极度乐观或悲观的情况下，你不知道该怎么做。专业投资人会做出不一样的决定，别人不想要的,他们买进，别人渴望得到的，他们卖出，他们非常熟悉这场游戏的规则，也有自己的经验总结出的方法。你不用犯下所有的错就可以真正学到这些理念，这些正是这套丛书所要传达的。

进入市场交易绝对算得上是一种门槛最低的赚钱行为之一。投资交易访谈的书籍市面上也不算少，但绝大多数围绕国外名人或国内成名多年的基金经理及私募大佬，针对在第一线每天面对行情厮杀的中国顶尖交易员的访谈反而是少数，也许他们与你有更多的相似之处。你一定要仔细听一下这些交易员每次如何面对市场上必须的选择，因为能够吸取那些最棒的前辈已经用实践证明的洞见，绝对是到达成功交易的最短路径。

目 录

其实之前我押仓位几乎每次都算是重仓出击，但那次赚的让我意想不到，居然可以赚那么多钱，在一两天内，居然可以赚几千万，而且那时候我仓位还是持续持有，一直在持有，因为行情再怎么波动，根本就打不穿卖出的行权价。那次获利确实让我觉得，做卖方居然可以赚到这么多钱，这让我印象非常深刻，后来结束那笔交易之后我还出去度假了一阵子。

我常常问交易员你要赚什么钱，因为他们都不知道要赚什么钱。你问要赚什么钱，他们就说这个钱也要那个钱也要，如果全部都赚不是比你只赚这个钱要方便得多？但是问题是，他并没有一个比较好的考量。只有事先极为清楚你要赚什么钱，当机会来临的时候，你所要做的这件事才会变得非常清晰，而且你会变得很有把握可以赚到这些钱。

我觉得赚钱的时候倒没有什么需要平衡，那个时候你的身心都非常愉快，呼风唤雨，要钱有钱，在公司走路都可以横着走。需要平衡的还是在交易不顺的低谷期，那时不管在上班的时候或者在回家的时候，我都还是比较难过的，所以我觉得还是要有一些个人的爱好。比如读书，比如运动，这些都比较能够去发泄你的心情。我以前每次交易不是很顺的时候，晚上都会开始跑我们附近的公园，一直跑……

第一部分

我的交易之路

其实之前我押仓位几乎每次都算是重仓出击，但那次赚的让我意想不到，居然可以赚那么多钱，在一两天内，居然可以赚几千万，而且那时候我仓位还是持续持有，一直在持有，因为行情再怎么波动，根本就打不穿卖出的行权价。那次获利确实让我觉得，做卖方居然可以赚到这么多钱，这让我印象非常深刻，后来结束那笔交易之后我还出去度假了一阵子。

你是否金融专业科班出身？

我以前学的是跟金融完全没有关系的学科，在大学念的企业管理，研究生念的还是企业管理，所以我之前找的第一份工作是做企划，跟交易完全没有关系。

你是怎么从企划工作转到交易员的？

我觉得可能是血液里面有这样一个偏好吧。

我们可以从比较久以前开始说，我念大学的时候是股市最好的时候，每天老师上课也不是很正常地去讲一些课，而是跟你说什么股票会涨，什么股票表现会比较好，在当时耳濡目染之下，我对股票市场的看法多少会受此影响。

最关键的一点还是在我暑假打工的时候，是在大二还有大三的时候。因为刚开始大一我们打工一般都会去山上采水果，或者去工厂里面做一些体力活，赚的钱非常少，但是我大二去了证券公司打工，发现一天可以赚1000块台币，这让我觉得证券业是非常非常好的一个行业，在那个时候我开始有一些思考。后来我去工作的时候也是一个契机，因为我们公司在四楼，三楼、二楼都是券商，所以我会趁上厕所时偷偷跑下去，稍微看一下股票，后来次数多了我心里就想说，我好像并不是很喜欢企划这样的工作，我觉得可能股票市场更适合我。我想转做交易员可能是这样一个原因吧。

还记得自己的第一笔交易吗？

其实我当时是想进入券商的，但是券商很难进去，因为他们当时找研究员或交易员，交易员门槛太高，没有经验根本进不去，研究员通常也要经验，比如说需要有过公司调研，或者写过文章的经历，但我那时候完完全全都没有这样一个经历，所以我后来是通过我的大嫂介绍去了一家期货公司当研究员。

期货公司那时算是一个比较偏门的公司，当时大家都觉得去期货公司很奇怪，很不体面，做期货就是赌博，所以我常常不敢说我在期货公司工作，因为大家知道了大概不敢跟你多说话，很担心你会拉他做期货。当时期货的新闻不多，大概在社会版才看得到，可能在一般版面都看不到。所以我第一笔做的并不是股票，而是期货，而且是亏钱亏蛮多的一个交易。

我记得那时候是1998年吧，那时候橡胶的价格跌得非常非常低，1998年中国台湾刚好有股价指数期货，那时候保证金比较高，但是日本商品的品种保证金比较低，大概只要20000块台币就可以做一手，我看那时候橡胶价格好低，已经到了一个历史的低点。我们同事就说橡胶不可能比矿泉水还便宜吧，然后就赶快买，买了以后就发现，确实可能比矿泉水还便宜，我那时候都亏到爆仓，所以整个仓位被迫都砍掉，还好那个资金不大，大概亏掉几万块台币。这是我第一笔交易，印象非常非常深刻。

投入第一笔交易前做过哪些准备?

在交易开始之前因为我是研究员，我就写了蛮多的报告，我自己觉得我报告写得还蛮准的。很多有关农产品的报告事实上我们都是看外国的，比如说从网站上，然后我们公司也有订一些marketletter，都是外国人写的，很多我们都是把它给翻译过来，加上自己的一些语气，然后再配合上一些技术分析。我觉得自己写得蛮准的。

所以当时是觉得自己准备很充分，但实际做了以后才发现根本不是这回事，写了再多报告或是说自己认为以前的报告写得多么准确，后来跟实际做起来完全是两码事。

谈谈你交易之路上最难熬的日子。

我的路可能跟大家稍微有点不大一样，我最难熬的应该是在2007年到2008年那段时间，那时我进自营商可能已经有四五年了，因为刚开始时我做得还蛮顺的，2005年还拿到金彝奖。当时运气算是非常非常好，因为在不知道什么是风险的情况下，压了很大笔的仓位，后来赚到很多钱，然后在那个时候我又得奖，又很快升职，我在2006年就已经升到期货资产管理公司的总经理，所以我觉得速度是很快的。

2007年下半年行情到了一个高点以后迅速往下跌，在这段过程里面其实我还是风险控制不大好。那时候，我们从2005年开始，很多交易都是以卖出期权为主，然后2005年、2006年都是非常好赚的，我觉得赚钱比喝水还容易，每天早上一起床，然后脚一踏到地上，就觉得今天大概又可以赚多少钱，这种感觉真的是非常美好。可是2007年行情从大概接近10000点的时候，接下来大概一个礼拜之内就跌到8000点，跌20%，隐含波动率从十几立刻升到四十几，在此之际我们之前重仓卖出期权的心态一直没有改变，还是押比较大的一个仓位，这种感觉，我相信在2020年，很多这两年才刚开始做期权卖方的一些投资人应该会很清楚。我觉得心里最难的煎熬还是，很担心我这个仓位，如果明天继续跌，隐含波动继续上，我到底会不会爆仓。因为是公司的资金，其实有些还是客户的资金，我在那个过程里面压力一直很大，所以在那段日子胃很不舒服，好几次跟同事去照了胃镜，然后医生就跟我说，这个，不大好治，你压力太大，如果要完全治好的话，只要换一个工作就好。可是我实在舍不得，因为那个工作的薪水算是还不错，而且在公司的位置也很不错，我不知道我换工作到底能够做什么事，那段日子是我觉得最难熬的。

那些最难熬的日子你是怎么扛过去的?

我觉得最主要还是家里的支持吧，其实公司能给你支持的人不是很多，大家都等着看好戏，公司领导还是持续给你压力，客户还是持续给你压力，他们希望你能够从亏损的泥沼里面赚回来。其实我觉得那时候心境跟前几年差别很大，前几年还好，因为有累积一些信誉吧，或者说一些信用资产，就算有一阵子损失还是可以撑起来。那些日子我回家以后，每天脸都臭臭的，我老婆都会跟我说，又亏钱了？我说你怎么知道，她说看脸就知道。

那段日子行情波动很大，而我的交易一直没有太大的改变，我觉得我在那段时间总结得不是很好，因为我一直想把行情往下跌且波动率很大的那段时间给撑过去，若撑过去隐含波动率掉下来后我应该会过得比较好。所以在那段时间最大的支持还是家人，每天看到家里可爱的小孩，我不断对自己说，我一定要撑住，我一定要努力，我觉得这一点还是蛮重要的，要不然还是挺难撑的。

记得对自己打击最大的一笔交易吗?

打击最大的一笔应该还是在2007年，我记得比较清楚就是在7月27日，你看我日期都记得那么清楚。那时行情从9800点当天就跌到8900点，大概跌了有接近7%，当天还是高开，然后立刻就杀下来，当时我们还是做了比较多的卖出的仓位，卖出一个宽跨式，因为在2007年7月份，全球行情都一样，就是一直涨一直涨，台指从7000多点一直涨到9800点，快10000点，所以那个时候我们就卖了很多的认沽，就一直持有上去。其实我觉得风控最不好的一点是，行情到9800了，我手中居然还持有9000点的认沽，还有8900点的认沽，我们觉得行情还有两个礼拜就到期了，这时候还有1000点、还有十几个百分点的应该不会太有问题，所以就持有它。但当行情降下来的时候就发现，这些很虚值的认沽突然就变得很贵，我觉得那时候会有一种感觉，当你看到行情一直往下跌，那个损益数字以前都是几万块，或是一万、两万，顶多五万、十万，但是那天下来之后，你会发现自己的损益是几十万、几百万，在那跳动，然后大概过五分钟，我完全麻木了，我完全不知道这个数字到底代表着什么样一个含义。那段时间，我印象确实非常深刻，让我知道做期权真的是非常可怕的一件事。

有没有那样一些时刻，你觉得自己在交易中开始上道了？

其实我觉得这个时间点很难去说明，我个人做交易的时间还蛮长的，有好几个阶段有这种感觉。大概在1998年、1999年那个时候，我突然就觉得自己有点上道了，一直到2004年、2005年我觉得自己达到一个最高峰，但那个时候我并不是以交易期权为主而是以程序化为主。

我觉得自己运气还不错，那个时候我们在中国台湾，可能是1998年年底，我们那个小的期货公司突然就来了一个客户，是一个外国人，很神奇，好像是从美国来的，跟他老婆一起到台湾，可能是到台湾居住，他要到公司开户，公司又没人懂英文，而我在公司学历是最高的，其实我也不懂英文，但我就被公司推出去说，那个外国人要开户你去跟他说一下。外国人跟我谈了很多，他就跟我说一个交易理念。其实当时我们并不叫“程序化的交易”，而是叫“机械式的交易”，他就跟我说按照简单的均线，或是按照一些简单的技术指标，你照着做就可以赚钱。那个客户在我们这大概做了一年左右，后来看到他确实是赚钱的而且赚了不少，这个对我当时的影响非常非常大。

在2000年的时候，我是全台湾地区第一个引进所谓程序化的系统的，在那时候叫TradeStation（TS）2000i，我们把它接上去，然后它很方便可以做回测，所以等于说我们领先整个业界大概一年左右。后来我在大陆有看到一些书，好像大陆到2003年、2004年业界的一些期货大佬都还在用人工去回测，可是我们在2000年左右就已经开始用程序去做，所以那个时候我们做期货算是很顺手，因为我们都已经做好了回测，比如说同一个品种我们可能写了十支程序，不管是均线也好，或者是KD也好，或者是MACD，或是类似这样的一些东西，然后我们就做了一些所谓的组合，所以我们能够在那几年获得一个非常好的报酬，那时候我就觉得人生可以到顶峰了。

我觉得运气最好的是那时候的股市非常非常有趋势，2000年刚好是网络泡沫，从10000点一路下跌，这几年内竟然可以跌到3000多点，我觉得这是一个非常非常好的时机，所以那几年算是程序化非常好做，你只要写一个很简单的程序，我们以前叫区间突破，比如只要突破早上开盘后当日15分钟的高点你就去买，或是跌破前15分钟的低点你去卖。你可以发现在中国台湾市场从1998年有期货开始，一直到2004年，每一个月，没有任何一个月会亏钱，那时候我就觉得，为什么我没有更早进到这个市场，为什么我没有更早发现这样一个机会，那样的话我立刻就能有钱了。那时候我帮公司赚到一些钱，走路有风，也一直升职加薪，有时跟我们老板搭同一个电梯，我跟老板打招呼的时候心里就想说，这家公司今年有多少获利是我帮公司赚来的？我那时就一直很自满地抬头挺胸，感觉到了一个人生高峰。

不过后来到2005年之后，就是我领过奖之后，那时候整个市场波动变得很小，后来就开始流行期权交易。我刚开始做期权的卖方（义务方）也是挺顺手的，那也算是比较顺风顺水的一段时间。后面到2007年后又遇到了危机，虽然刚开始做卖方的时候很顺利，后来才发现，原来我以前所知道的都是一些假象，这个打击还真的是挺大的。

我觉得2012年也是一个比较大的转折点，在交易上可能做得也久了，通过不断地去总结，我逐渐发现——因为我的总结速度算是很慢很慢，哪有人做十几年以后才发现，原来交易是这样一回事——你在机会好的时候要做一些比较大的仓位，在机会不好的时候或机会比较小的时候，你可能要做得稍微小一点，在没有机会的时候最好不要乱做。其实我后来总结到，我赚的那几次大钱，真的是机会好，但是我不知道。但是我亏的几次大钱，是机会很不好，但是我乱做，或者是机会很普通，我还是押了比较大的仓位。2012年做股票，那时候我们衍生品部和股票现货自营部是混合在一起的，后来我们也去拜访了一些公司，寻找一些发展很好的小公司，我们做了一些估值，然后我们也押了比较重的一些仓位，后来才发现，好的机会要这样做，不好的机会可能你要轻仓去做。在很多时候，其实很多人进到这个市场，一年，两年，甚至是进来之前就知道这样的道理了，我觉得我真的是白走了非常多的路，哈哈。

从涉足交易到稳定盈利，大概用了多久？

其实很难回答，我个人的交易生涯大概分两个阶段，我在2007年时候有遇到一个乱流，事实上在2000年时我一直觉得我可以稳定盈利，2000年到2007年之间我确实也是一直可以稳定盈利，最主要还是交易系统有效，加上我在整个交易上算是比较顺利的，而且运气也一直不错。

其实对很多的中国台湾交易员来说，2004年因为曾经有发生过“两颗子弹”的事，他们都有比较大的一个回撤，甚至被市场扫地出门，但是那时候我运气真的是特别好，看到选举我就把仓位给撤了出来，而没有去赌大涨还是大跌，在大跌之后进场反而赚了一大笔，所以我觉得运气算是很不错。

但是在2007年乱流之后，后来我确实也做了一些反思，整个交易也做了一些改进。真正比较稳定还是在2009年之后，我觉得那时候交易风格有一个比较大的转变，我对仓位的控制变得比较严格一点，仓位缩得比较紧，获利也变得比较小，也没有以前那么能帮公司赚大钱，但是每年就能稳定盈利，我们团队（我后来在分管衍生品的交易）虽然称不上是全台湾最赚钱的，但至少我个人认为还是比较稳定的。我觉得风险比较严格的管控是在2009年之后，2009年之后到现在一直算是稳定盈利。

从不稳定盈利到稳定盈利，你主要做对了哪几点？

最主要还是在风险的控制上。以前我并没有比较深刻地体会到，我什么时候要做比较大的仓位，什么时候要比较保守一点，也比较没有一个核心的思想，我到底怎么能把钱稳定地滚上去。因为之前我觉得我有一个好的交易系统，我有比较高的胜率，或是我永远在做一个赚大赔小的事，就算我中途遇到一些乱流，我终究还是可以赚到钱，事实上在过去我也一直照着这样一个理念去做，所以那时候我仓位押比较大也能赚比较多的钱，只是我没有遇到真正的极端行情。

然后2004年那次在中国台湾发生了极端行情，刚好又因为个人突然的想法就把它给避过去了，其实我在这之前并没有一个核心的思考逻辑，主要还是以一些交易系统，系统之中有一些对冲的概念。

但是2009年之后我就在想，我如果能持续赚钱，有没有办法把风险控制得更好，让我的净利曲线能更稳定。所以在很多交易上我们是从资金管理上去思考的，是从净值曲线上去思考的，在有把握的时候我们才会做一些大的交易。到底什么叫有把握呢？比如说这个行情我比较能够确定，当然在一些程序化里面可能没有办法发现，但是在期权里面这个可以很容易地发现，比如当偏度或隐含波动率已经到达一个很高的百分位，根据波动率回归的原理，你这样做进去大概八九不离十可以赚钱，这样我们就可以押一个比较大的仓位，而且未来我们也可以用已经赚到的钱，再不断地投入，把复利给滚出来，在过去十多年，2009年之后，我们一直是按照这样的理念去做的。

谈谈在交易之路上对你影响最大的人?

应该有好几位。

第一位是一个外国的客户，名字我真的不记得了，虽然只交谈了一阵子，但是却让我从一个研究员，从一个写报告去猜行情的人，变成一个比较系统化的交易者。我运气也好，顺势也搞了一个交易系统，就变成了一个量化或是程序化的交易者，因为比较早进入到这个市场，我觉得至少在那几年取得了一个领先的黄金期，这是第一个对我影响比较大的人。

第二位是我的一个交易伙伴周继成先生。他在2003年的时候进到我们公司，是台湾大学的一个高材生。在交易圈里面，都是学长拉学弟，同学拉同学，所以在当时我们交易圈里面几乎都是台大财金系毕业的。那时在公司有二十几个交易员，只有我一个不是台大的，但台大毕业的周继成和我关系却相当的好。那段时间，也就是二零零几年那几年，也是我念书跟研究做得最多的时候，我们一直不断去优化系统，到了2005年我们开始做期权的时候，其实在公司里面我年纪比较大，在学校没有学过期权这个东西，但是周继成发挥了自己比较好的写程序的能力，最主要因为他大学时候是念资讯科系的，研究生时是念财金科系的，所以我们常常讨论，期权到底怎么买，要怎么卖，到底偏度交易怎么做才能够获利。因为刚开始在中国台湾是没有东西可以学的，刚开始我们都是用所谓的标准差，后来我们研究、讨论、学习才知道，原来这种要用分位数，而不是用标准差来去算这些东西，我觉得那是一个很大很大的进步。我2015年回大陆后发现，有很多人并没有这样一个概念，我们也把分位数这些统计的东西带进来。我觉得这是第二个对我影响比较大的同事。不过可惜的是，2011年他因为癌症去世了，这个真的是蛮难过，他是我最好的朋友，老婆、小孩也都互相认识，那时候真的是一个低谷，毕竟我们在一起合作这么多年，一起经过高峰，一起经过低谷，这是对我影响非常大的一个人。我现在的统计和概率交易理念，都是在那几年给建立起来的。

第三位对我的影响也是比较深刻的。我在台湾地区做高频交易的时候，2012年到大众证券这家公司，我带领公司自营的一个团队，负责衍生品交易，我们的那些交易虽然可以赚钱但是获利能力并不是非常好，常常一年只能赚十几、二十个百分点，公司的自营是希望每年能达到三十个百分点，事实上我觉得是非常不容易的，所以我们需要更能赚钱的一些策略帮我们打个底仓。2012年我们就找了台大财金所的林岳贤博士，我们常常讨论到底要怎么去做比较短线、高频的交易，因为他的程序也写得非常好。他非常擅长写程序、做回测和做期权的归因的分析，我后来到资产管理部，在大陆常说的一句话“你到底要赚什么钱”，这句话主要是跟那位林博士在讨论的时候说出来的，“我们是要看你到底要赚什么钱？”，每次讨论他都很激动地在说这些话。他在我很细化很短线的交易里面起了非常大的作用，我们在做蝶式或是日历价差的时候，因为这些交易短期的波动比较有限，我们在这些波动里面或是线图的毛刺上，能够赚到一些钱，虽然它有些敞口，但在这样一个情况下能持续获利，林博士对我们模型的帮助还是很大的。

谈谈交易之路上对你影响最大的书籍?

第一本就是《短线交易秘诀》，应该是Larry Williams所写的这本书，这本书讲到一些短线交易的方法其实在台湾地区并不大管用，但是我觉得他对我影响比较大的还是在资金管理这一块，因为我第一次接触到凯利公式和一些其他的资金管理方法居然是从这本书所看到的，我那时候看到以后觉得惊为天人，居然可以用这样一个方法，可以在那么短的时间之内赚到那么多钱，所以我从2003年开始以后就采用这样一个方法来去做，确实在台湾地区那时候的趋势还不错，确实也是可以赚到比较多的钱，我觉得对我的影响还是挺大的。

另外还有就是Jesse Livermore的《股票作手回忆录》，我觉得这本书确实值得一看再看，因为不管是这本书写得好，还是整个交易的心态，甚至是他整个成名的过程，我觉得在形容交易员的成长过程里面没有一本书写得比这本书还深刻。虽然我常常幻想可能我是一个跟他类似的数字天才，对价格跳动很敏感，因为在看那本书之前的那段时间我也常常用所谓的突破的交易系统，我觉得这样一个系统在过去真的是非常有用，他在书中也是介绍了这样一个系统，并且他也在很多时候，看对的时候押得比较大，但是其实我在那个时候的体会还没有那么深刻。那本书我后来看了两遍到三遍，我觉得到2012年之后体会逐渐变得比较深刻，当一个交易员应该有怎么样的一个态度，怎么样的一些做法，才能取得一些成就。

这两本书对我的影响还是挺大的，当然还有其他一些书，可能很多人也看过，比如说像《海龟交易准则》《金融怪杰》这类的，都介绍了很多交易员的交易方法。其实我个人并不是非常喜欢有关交易技术方面的书，反而是有关哲学上的，我觉得可能对你交易上的启发比较大，因为在交易的过程里面心情总是跟你的赚钱情况起起伏伏，像我的话就是起起起突然就伏，又很慢地升起来。其实在很多低谷的时候真的需要一些书来帮助你，这些书能帮你什么，帮你重新总结你在过去的交易，跟这些伟大的交易员之间有没有比较大的一些差别，你的心志或是心态方面到底跟他们差别在什么地方，我觉得这个帮助还是挺大的。

凯利公式在资金管理上还有效吗?

其实在做期权或做一些交易的时候我还是比较不建议使用凯利公式，因为凯利公式它最后告诉你的是资金使用最有效率让你能够最快赚到钱的一个方法，它只给你两个东西，第一个是你的胜率，第二个是你的赚赔比，它根据这两个东西告诉你一个所谓的资金最合适的投入比率。可是我们在交易有一个很大的盲区，就是说我过去可能是这样的胜率，我过去可能是这样的赔率，但是未来可能并不是，可能是两码事。而且通常我们做程序交易会有一种情况是，拿我们做的过去跟未来比，而经过优化后，过去总是比未来好很多，虽然你仍然可以赚钱但是你的胜率是不一样的，你的赔率也是不一样的，所以如果你按照过去算出来的数字代进去，事实上它根本就不是一个最适的资金投入比，你可以用其他的数字代代看，可能绩效比你用凯利公式还来得好，一定会有这样一个情况。

第二点，凯利公式也没有考虑到破产的风险，我觉得这是很重要的一件事。所以我反而会采用一些比较保守的方法，比如说你赚到多少钱之后再投入多少钱，我觉得采用这样一个方式去做的话，资金同样可以滚，同样可以有复利效果，但是风险却没有凯利公式来得大，毕竟这个公式只在一定前提下告诉你最适的投入资金比率，而这个投入是报酬优化，但当程序长期表现不如预期时，风险会被扩大。

优秀交易员是天生如此还是可以后天培养?

其实我们很多交易员都是后天居多，因为其实有些比较有天份的人在团队里面可能没有那么的合适，我在交易这一块可能跟有些人的观念不大一样。因为我在过去几年还是以带交易团队为主，我在自营商带很多交易员，其实很多人觉得交易员必须这个也会，那个也懂，交易上都能处理得好，但是我最希望的反而是他能够把交易细分的某一块做好，需要他尽量做到窄而深，尽量不要宽而浅。

像我们在找交易员的时候，比如说需要找一个套利的交易员，需要专门找一个做价差的交易员，对我们是一个比较难得而且急迫需要的人，但这样的交易员并不需要他有一个比较好的盘感，或是看得很准押得很大然后赚了很多钱这样的交易员，我们需要的可能是逻辑比较好一点，然后我们控制他不要乱做，控制他的心理状态，他做对了，不管是赚钱还是亏钱我们要不断鼓励他。能让我们的团队在正确的道路上不断前进，这一点更重要。

后来几年我忽然发现，做得比较好的交易员很多不是天生就很好的，因为在团队里面我们需要的是他很专业，有些事能做得很到位，这些通常经过一些训练都可以达到。特别是这几年我们带了很多年轻的小朋友，他们的基础都是非常好的，刚开始他们都是希望能够多赚钱，然后做了很多所谓的“手痒单”，那个时候我们常常要禁止他做这样一个动作，希望他在逻辑上，盘前或是收盘以后多做分析，按照计划来做。我后来发现，经过这样的训练以后大部分都能做得很好，虽然不能赚很多钱，但是很大程度都能维持一个很稳定的获利，我觉得在交易上能维持一个很稳定的获利，在我来说就是一个很好的交易员了。至于那些能赚暴利的天才交易员，可能在家自己做是比较适合的，这可能是我个人的一些看法，可以参考一下。

如何避免“手痒单”？

我过去大部分时间都还是在带交易团队，我个人觉得在交易团队里“手痒单”还是比较容易阻止的，因为你的交易员或是团队里面，谁多做了无谓的交易是比较容易发现的，我们就可以做禁止的动作，提出比较严重的警告，甚至于用一些规则去规范他们。他们后来也会了解到做这些交易事实上是没有必要的，你做了这些事，就算你多赚了一点钱，你是不会受到奖励的，而你多亏了钱会受到比较严厉的惩罚，这个在行为科学上还是会有正增强这样一个效果存在，所以控制团队的“手痒单”算是比较容易的。

不过对于在家自己做单的个人还是稍微困难一点，一个比较好的方法是不断去做复盘，希望我们复盘所做的跟盘中所做的能达成一致，这个我在过去的文章里面或是视频里面也有提到类似的（见附录），我觉得这是一个好的方法，但是很累，太累了。长期的投资者可以用比较简单的一些方法，比如你限制自己，每天只在开盘后的15分钟做交易，之后这段时间你就不要做交易，定时地价格到了给你提示，不管声音提示还是短信提示，都会让你在整个交易里面比较放松。我觉得在这一整个过程里面“手痒单”还是可以控制的，不要太去关注行情，而是关注你交易里的逻辑。

你心目中理想的交易员是什么样的？

这个问题我真的还没有仔细思考过，不过我大概可以描述一下。

其实我们在过去要找交易员的时候，还是想找一个思维逻辑比较清晰一点的，所以我们在过去几年找的交易员大部分都是什么科系毕业的呢？第一个就是数学系，要不然就是做物理的，甚至以前还要找哲学、历史的，很奇怪吧，我们比较喜欢找这种类型的，其实反而不喜欢找金融科系或是找经济的，因为其实这些人有些时候觉得自己很懂，反而没有办法融入或接受一些他觉得好像不是那么合乎他逻辑的事物，这可能是做交易与做研究的不同。我觉得逻辑思路比较清晰，通常都是好交易员应该具备的一个条件。

第二点我觉得意志与心理比较要坚强一点，不能太脆弱，因为曾经很多交易员亏了大钱或是连续亏损以后心理承受不了，我觉得这个也是比较难处理的。其实不同个性的人适合不同的交易，有很多心比较大比较抗压的人，他们在交易的时候喜欢大赚大赔，这样一些人其实没有那么稳定，都不大能给他们那么多资金做交易，反而是一些做价差的、做套利的，他们都有一些比较好的逻辑想法，知道在什么时候怎么样的概率可以做比较大的一些仓位，通常这样的交易员是我们比较喜欢的。

总而言之，我们还是喜欢比较有逻辑性，心理素质比较好，当然另外还要有团队合作精神的，因为很多交易员觉得自己能够赚钱，然后常常做不了多久就另谋出路了，或者是不断跟你争吵，所以我觉得理想的交易员大概要有这些特质吧。

谈谈最让你得意的一笔交易?

应该有两次吧，一次是有关期货与期权，还有一次是有关股票。

期货期权那次应该是在2004年，但是我觉得那次交易之后我没有做一个比较好的总结，有点可惜。2004年中国台湾因为“两颗子弹”的原因行情就跌停板，第二天又跌停板，指数连续两天跌停板，那时候隐含波动率拉得非常非常高，我因为运气好没有仓位。事件之后，那时隐含波动率很高，我看到就很高兴地卖出很多认沽和认购，其实那时候也没有想太多，没有想到最好的机会应该押最大的仓位，我只是隐隐觉得当时的机会很好。其实之前我押仓位几乎每次都算是重仓出击，但那次赚的让我意想不到，居然可以赚那么多钱，在一两天内，隐含波动率从六七十掉到三十以下，居然可以赚个几千万，而且那时候我仓位还是持续持有，一直在持有，因为我卖出的行权价非常宽，行情再怎么波动，根本就打不穿我卖出的行权价。我当时卖出期权的技术也没有那么好，原理也不是那么清楚，我有的时候就让仓位稍微飘一下，但是那次获利确实让我觉得做卖方居然也可以赚到这么多钱，这让我印象非常深刻。那阵子我现在想起来都还会笑，后来结束那笔交易之后我还出去度假了一阵子，就说做期权赚钱太容易了，后来发现机会不再。因为2007年的崩跌我手中是持有仓位的，不然或许也可以享受同样的美食成果。但是当时确实是总结得不大好，我为什么赚到这笔钱？我在当时没有想得很透，只是觉得有这样一个机会就去做，我觉得后来无法再去复制还是挺可惜的。

第二次是在2012年，刚刚也有提到我们去拜访一家公司，那家公司做工业电脑准备上市，因为我们研究员还有我个人跟公司老板都挺熟的，所以我们知道这家公司大概每一年都赚多少钱，他们实际状况到底是一个什么样子。我们认识蛮多年的，所以我们公司在他上市之前就买了比较多的股票，然后我个人也做了一些投入，其实在那笔交易里面我们公司几乎所有研究员每人都赚了一套房，因为大家都买了很多这家公司的股票，当然也包括我。然后公司上市以后我才知道，原来做估值，做价值投资，是多么重要的一件事，因为你赚到的比想象中多很多。第二件重要的事，你能够抱住这档股票，因为那只股票过了一年半，从上市价格的70块后来涨到500块，我后来没有抱到500块，不过可以抱到200块我已经觉得是非常难的一次经验了，让我知道股票上市之后你一直持有它，中间经过几次的刷洗，它再持续上来，这个跟我做衍生品是很不同的感觉，我们心里一直想着它的估值，它的价值，它每个月的营收是多少，是不是一直符合我们的预期，研究员不断在那边讨论，不断追踪在这样一个过程里面，对我们衍生品交易员来说，真是一个非常难得的经验，这也让我第一次感觉到，所谓的价值投资，所谓的长期投资，到底是一个什么样的情况。

交易中如何抵御诱惑？

其实刚开始没有办法拒绝这些诱惑，但我们后来都知道了大概哪些是诱惑。我们在交易里面有时会不自觉地多做一些无谓的交易，这些无谓的交易有时会让我们赚一些钱有时赔一些钱，但是让我们觉得交易更有趣。后来发现这些交易总会让你突然亏一笔比较大的，这些通常叫做“手痒单”，我们要尽量避免这些“手痒单”。最主要抵御的方法就是，我们后来的交易要越来越规范，我们不断地做盘后分析和盘前的交易计划，在盘中就尽量按照交易计划去做。如果要落实监督，我后来做团队领导时就会尽量去留意他们是否按照盘前计划，有没有做“手痒单”这些无谓的交易，这样第一个可以降低交易的成本，第二个可以减少无谓的损失，所以要从计划上去执行。这些交易员他们也会陆陆续续地发现，能够按照计划做后来赚到钱是多快乐的一件事，按照自己的想法赚到钱是对他们非常大的鼓励，所以做计划很重要，而且要有一个人不断督促他去做这些事，不管做计划是赚钱还是亏钱，只要你做的是对的事，我们通常都会给一些鼓励。即使做“手痒单”是赚钱的，我们也会给予谴责，甚至是做出严重警告，这样的话多半“手痒单”都能够制止。

你如何处理交易中的焦虑和压力?

其实只要有仓位就一定会有压力，常常都会有，如果没有压力和焦虑的话一定是你仓位不够大。

大概是我交易的前十几年，每天都睡不好，每天晚上都要爬起来看一下美国股市到底涨还是跌，看一下美国的个股和台湾地区的相关个股是涨还是跌，那压力真的是很大，我老婆被我烦到受不了，所以我现在能有两个小孩子我觉得还是一个奇迹。

那么要怎样做一个调剂呢？我觉得还是要往生活作息正常上去调整，其实我在2004年、2005年晚上常常会去跑步，去做运动，就是一直跑一直跑，那时候我最主要是通过运动去调剂一下。我觉得适当休假也是必要的，不过当交易员我们有时候都舍不得去休假，因为我们觉得交易就是生活，我后来想偶尔来个长假也会相当不错。不过我们很多交易员朋友在休假的时候都还要拿着手机，当时那个手机还不是现在的智慧型手机，要去传一些短信息，不断地去问同事，现在指数是多少，哈哈。

你在交易中爆仓过吗?

理论上来说，爆过一次，就是刚开始交易的那一次。在2007年我没有爆仓，但那次对我影响很大，我觉得我运气很好，运气到底是好到什么情况呢？其实行情突然跌的时候，我就知道我应该买认沽，结果我就买了很多认沽，但我发现我买错行权价，那时行情8900，我心里想着应该买8900到8500的认沽，结果我后来买错，买到7900到7500行权价的认沽，买到价外1000点的，那时候行情确实跌得太凶了，我多买的那些认沽，到后来居然都赚了钱，让我这次的损失就稍微少了一些，我觉得运气算是不错。我那时候也确实是买了太多的仓位（认沽），为什么买太多的仓位，因为太虚值了，买了以后你就发现，奇怪，希腊字母（Greeks），负Gamma怎么没有减少，Vega怎么还是一样，我就一直买一直买，行情就一直跌一直跌，后来居然跌破了8000点，我觉得这是一个美丽的错误。不过想起来我真的不大愿意说，交易之路我可能比别人多一分幸运吧，说起来是挺丢脸的，为什么每次该死的时候，上帝总是拉你一把，让你没有死透，不然我那次应该是死得还蛮透的。

一般大众常见的投资误区及化解方法?

其实我觉得一般最常犯的错误就是受情绪影响太大，盘中行情突然拉升或是突然跌的时候大家都会突然觉得很紧张，可能你觉得仓位是错的就立刻砍掉，仓位是对的就赶快加仓，这些动作最主要的原因就是你在事前并没有想好你的逻辑是什么，你到底要赚什么钱，你并没有想好行情变动的时候你下一步要怎么做。如果你在盘前想得够仔细，逻辑够清晰，就算你中间遇到这些问题，你都可以照着事前所想的去做。我觉得这个很重要，通过复盘，或是通过每天不断总结，都是可以慢慢改进的。不过一般的投资人可能很欠缺的就是，他们做完以后遇到这件事都没有总结，或者是他们觉得做很多盘后思考会很麻烦。所以我常常会说，做投资或是做交易，通常都是收盘以后才开始，收盘到第二天开盘这段时间，事实上才是你整个交易非常重要的时间点，你必须不断去做总结，我今天到底犯了哪些错误，如果这些能想透的话应该就能在投资上越来越顺利。

如果当初没有进入交易这行，你最可能做什么？

第一个，想当作家，想写小说，但是我文笔实在是不大行，不过后来做交易这行之后也写了一些书，书也比较类似小说，这也是我一直比较想做的一些事。

第二个，我之前也想当老师，这跟我后来的直播也好、讲课也好，非常类似，不过我老婆和我母亲都觉得不大适合，为什么，我口齿不清晰，这是很重要的一个原因。我觉得给人讲课或是教人一些事也蛮能够满足我个人的一些虚荣心和成就感。不过到后来我才慢慢发现，做这些事之前还是必须有比较大的一些累积，这样才能做得比较好，不过我当时也只是想自己比较适合做这个，比较喜欢做这些东西，目前来看，我走得也比较偏向这条路，跟个人兴趣比较有关。

如果现在离开交易这行，你会选择做什么？

其实我还真的想去开课教书，因为我觉得过去一些经验还是有些价值还是可以传播的。到目前来看，一些蛮受我影响的不管是以前的旧同事，或者是现在的客户，他们也蛮接受我现在的理念，我们不断地在微信上讨论交易的方法、理念，经过这些讨论以后他们最近也做得很不错。

我之前所在的公司现在的交易团队，也是用我过去在金鼎证券、大众证券所带团队所使用的一个管理制度在管控交易，目前运作得也相当不错，今年我跟他们有接触，虽然遇到蛮大的一个行情，今年的报酬还是相对来得稳定。像今天有四个交易员和交易团队分别在不同群内跟我讨论今年波动很大这些事，所以我早上突然觉得成就感爆棚，他说他照着先前讨论的方法这两个月赚了四个点，我觉得还不错，他就说他现在这个仓位资金使用可以控制到40%以下，不会随便乱押，有机会的时候再把这个仓位给放大，我觉得逐渐比较契合所谓“有大机会才放比较大的仓位”。

另外一个交易团队说，他也觉得在期权上赚钱好像比股票还容易，因为他在端午节前做了一个双买，他计划中，行情没有很大变化就立刻做一个平仓的动作，结果他做了平仓。之后发现行情居然又继续往下跌，后来我盘中跟他说照着计划做，不管有没有赚钱都是对的，等到收盘后他看了一下仓位，隐含波动率掉这么多，如果没有按照计划做的话可能会损失更大，所以这方面他也觉得照计划做是挺好的。所以我还是觉得成就感挺多的，我觉得我做教课这行应该有市场，哈哈。

交易这么多年最大的感受是？

真的要有耐心，要有计划，这个感觉比较笼统，因为我后来发现能够赚到大钱或是能够做得比较好，还是必须要有一些耐心的等待，要追寻你最初的想法。其实我这几年还是有一些感触的，到底有没有交易的圣杯，或者我交易的到底是什么东西，我后来发现我们交易的都还是自己的逻辑，而不是市场的行情，我这几年感触特别深，不管你做买方还是做卖方或者其他任何事，我的交易或是仓位都围绕在我自己的逻辑里面。

给刚刚涉足交易的新手三条建议?

第一个，你可以先投入少量的资金，看自己能不能赚到钱，到底适不适合这个市场，因为大家来这个市场都是来赚钱的，而不是来这边提供资金的，或是提供流动性的，所以我觉得不要一次投入太大的资金，先从小资金开始做，当你能赚钱的时候再不断做投入。

第二个，你要有自己的一个交易逻辑，或是自己的一个想法，如果你看ETF或是看指数是往上的，长期就可以以一个看多的逻辑，不断去细化，你到底用什么方法可以赚到钱，比如说上证指数现在2900多点，一直做到5000点，你到底能不能在这个行情里赚到钱，你必须要有一个好的想法好的逻辑。

第三个，你要想办法控制你的风险，尽量不要因为你的行为让你的生活陷入困境，不管你过去赚到钱或是没有赚到钱，很多事情不要让自己心里受到打击或扰乱。比如你亏了钱，再拿钱进去，反复好几次，最后发展到去借钱，押一大把，这样就完全变成一个赌博了，所以资金管理和心理调控还是要做好的。

大概这三点，因为刚进市场要能赚到钱可能并不是那么容易，而且你刚开始就赚到钱可能并不是一件很好的事。

给有经验但尚未稳定盈利的交易员三条建议？

如果是一个已经进到这个市场还没办法赚到钱的人，我觉得大部分原因可能还在心理上，可能不是在技术上，在心理上你可能犯了很多新手可能犯的错误，比如我们之前所说的“手痒单”，或者你仓位的控制并不是很好，还有可能是你该止损的时候没有止损，我觉得这个还是挺重要的一件事，你必须找到你问题所在，至少要把一直没办法赚钱变成不亏钱，我觉得这个是第一点，不亏钱很重要。

然后在不亏钱以后，第二个我觉得是在不亏钱的前提下，如何能慢慢地赚到钱。要能慢慢地赚到钱的话，你的逻辑至少是比较清晰的，应该已经有一个可以赚到钱的逻辑，然后你可以按照你的逻辑再加强你的意志，不管赚的多少多慢，还是要持续地做。

第三，如果已经可以赚钱的话，你应该要再去思考，我要如何能赚到比较多的钱。当然我觉得会有不同的方法，像我个人还是比较喜欢通过所谓的复利，在赚到钱的前提之下用赚到的钱不断地慢慢地滚，然后再让它做一个增长。当然其他方法的特点可能不大一样，比如遇到好机会的时候你可能去加一些重的仓位，类似这样的方式我觉得也是可以做一些思考的。

整体而言，我觉得，行为上，还是要以你个人的意志控制风险，不亏钱。第二个是在你的逻辑上能够不断优化，变成你的精神框架，形成好的交易框架，能够赚钱。第三个是在这些都比较完整之后，你要能比较自在地在这个市场上交易，什么时候我可以再做更多的投入，什么时候我可以稍作休息。这些完成之后我觉得算是比较成熟的交易员了，虽然不能让你赚到大钱，但最起码在这个市场上能够稳定盈利，慢慢地至少生活能过得好一点。

第二部分

交易系统

我常常问交易员你要赚什么钱，因为他们都不知道要赚什么钱。你问要赚什么钱，他们就说这个钱也要那个钱也要，如果全部都赚不是比你只赚这个钱要方便得多？但是问题是，他并没有一个比较好的考量。只有事先极为清楚你要赚什么钱，当机会来临的时候，你所要做的这件事才会变得非常清晰，而且你会变得很有把握可以赚到这些钱。

对一个交易系统来讲，清晰、明确、可复制，应该是它必备的特性。那么除了这些，徐老师是否认为还有其他必备的要素？

确实我觉得在行情开始动的时候，在执行上不可以有模棱两可的情况是非常重要的。但是我觉得还有另外一个重要因素就是你对交易系统的信心，你在什么时候觉得你的交易系统会赚钱，或者说在什么时候你的交易系统会亏钱，如果你能够明确知道这件事的话，你就可以知道你在做交易的时候是不是交易系统已经有失灵的情况。

以前在说交易的时候，我们常常会说，你交易的事实上并不是市场，而是交易你的概念，或者说交易的是你的交易系统，如果你能对你的交易系统非常有信心的话，我觉得不管遇到什么行情，你应该都可以很有信心渡过，这样在净值回撤的时候，或者是在遇到很大不确定性的时候，我觉得都可以有一个比较好的把握。

也就是说，除了刚才几个要素之外，交易者还要明白交易系统的适用性，什么时候有效，什么时候无效？

对，在做交易系统的时候，对于交易系统的一个逻辑，事实上你应该是很清楚很清晰的。

我举个例子，比如说我们的交易系统是一个非常简单且可以复制的，比如说我们之前的期权基本款，或者说它是一个移动平均线，或者是MACD，它非常简单，可能只有一个参数，行情站上了均线之后，你可以做多，在均线之下你可以做空，我们长期来看的话，它确实是可以获利的。

可是呢，遇到一个盘整的行情的时候，你可能就会亏比较多的钱，这个时候你可能心中充满了怀疑，到底未来会不会仍然有一个趋势的走势，或者若是一直盘整下去的话，我到底会亏多少？我相信每个人一定都会有这样的疑问。

如果你能对你的交易系统有一个深刻了解的话，你就可以在你的交易系统上做一些调整，或者是你在做的过程里面，它已经盘整了某一段时间，它可能在接近你历史最大的回撤上，或是在你过去的交易经验里面，它可能已经到了一个极限值的时候，我觉得这个时候你可能会更有信心，或者是可以支持你持续做下去。

是的，一般人可能仅仅交易系统的构建过程就要走很长的路，然而等他构建之后，当他发现交易系统会失灵，可能他原来的世界就塌了。那时他可能还意识不到，交易系统要考虑它的适应性。

这个问题我还可以做一个补充，其实我们在做的很多交易系统，我觉得大家都会绕一大圈。其实我刚开始也做了比较简单的系统，后来又加了很多限制条件，把这个系统变得比较复杂。但是大概过了很多年以后，可能过了七八年以后，交易系统又恢复到一个比较简单的形态。事实上我们很多的时候会对我们的交易系统做一些统计，并加以运用。

我举个例子，比如说你在用很简单的移动平均线做交易，如果发现它已经亏了5%以上，这个时候可能已经是它在过去的交易里面损失最大的时候，这个时候你到底要不要再继续？若这个系统的长期逻辑是一直往上的，那我们可以暂停交易先离场，但仍假设你还持有这个仓位，将亏损5%作为参照点，当净值一回到亏5%以内的时候，你可以把仓位再放回去。

因为我们看比如说移动平均这样一个系统的时候，我们把时间拉得很长，5年，10年，它很有可能都是一直是往上的，但是它中间的回撤是非常大的，而必须要有一个趋势你才能够赚到钱，如果没有趋势，你必然会是损失。所以为了抓住这个趋势，我们常常会付出不少的成本。我们常常会在交易系统上做一些分析，做一些统计，甚至于是做所谓的停止交易，但是是假设持有仓位的这样一个做法。或者是对于这个系统，我们的使用方式是当回撤了以后才开始留意追踪，我们可能暂时先不要用它，等到它的回撤已经够大的时候，我们再开始去做它。

我觉得也有可能是用这样的一个方式，你把交易系统看成另外一个类似K线走势或者是其他的走势，等于说你把你的净值系统又做了一次统计分析，这样你的回撤可能更加小。我们以前做过很多类似这样的一些事情，在结果上，可能获利并不会比较好。但它有一个好处，让你的回撤变得小非常多，这个优点可以让我们做成一件事，就是你的杠杆可以放得更大一点。

说到杠杆的时候还是稍微要谨慎一点，因为很多人一提到更大，他可能马上放大了三四倍、四五倍，但是我们可能只放大1.2倍、1.3倍、1.5倍，一般都不会超过两倍，我们会采用这样的一个方式去交易我们的交易系统。所以又回到我刚才所说的，我们在交易的时候，有的时候你并不是交易这个行情，你是交易你的方法，是交易你的观念，交易你的信心，交易你的交易系统。

你怎么看待交易系统中的“不可能三角”？交易频率、胜率、盈亏比，这三者很难同时实现。

我们先说频率。我觉得跟你的角色有关，看你的优势在什么地方。其实我以前在自营商的时候，因为我们当时同时也是做市商，如果以做市商来说的话，我们是不需要交易成本的。因为我们做了交易以后，交易所会返佣，所以说没有任何的交易成本，所以我们在交易上会掌握我们的优势，频率可能是越高越好，我们只要能够赚钱，就算赚一点点钱，我们就可以尽量把频率给提高。可是以一般的投资者或者是后来我们换了一家公司来说，那家公司它并不是一个做市商，它是有交易成本的，所以我们会考量，我们的优势到底在什么地方。

当然我觉得，我的优势是，如果跟人家比交易逻辑的话，我觉得应该不大可能输到十万八千里，跟市场的平均比起来应该会稍微好一些，或者跟那些外资比起来，至少在逻辑上打平手，或者略输一点。所以在交易上我们会尽量去做一些频率稍微拉长一点的，交易频率拉长还是有一个好处的，就是你交易中的盈亏比可以得到一个比较好的比值，然后这样如果在你的每笔交易上再加上一个交易成本的话，我们盈亏比曲线不会产生很大的改变。

所以我觉得最主要还是要看你的交易是不是在成本上有优势，越没有优势可能频率要越拉长一点，越有把握可能是越要出手，或者是你所赚的钱，跟你亏的钱比值稍微要拉得比较大一点。我觉得可以用一个比较简单的东西来说，即你的交易成本占每一笔交易大概多少百分比？通常如果超过10%的话，我觉得你可能就要把频率再拉长一点，否则你在很频繁的交易里面，可能所持有的优势会越来越少。

刚刚另外说到有关于胜率跟盈亏比，盈亏比还是我们在交易上常常会提到的，胜率和盈亏比会是两个很难同时实现的因素，否则我们就可以在很短的时间之内做更多的次数，短时间完成大数法则，我们就可以赚比较多的钱，毕竟获利的幅度需要时间，而我们又有成本存在。然后胜率最好是贴近100%，越高当然是越好，我觉得这个是没有讨论的空间的。盈亏比当然也是，赚跟赔的比值越大越好。

交易频率、胜率、盈亏比这三个如果能够做到极致的话，我觉得肯定是赚钱，是直接往天堂的路去走的，所以刚刚有说到这三个不可能同时实现。那么在三方面评估的时候，第一个要看交易频率，看你的成本是一个什么样子。然后第二个如果是胜率与盈亏比的话，当然我觉得还是看你的交易逻辑，但是我们一般人胜率要达到50%以上，或者是长期你要在60%以上，我觉得是非常难的。因为我们知道这个行情随机性很大，有的时候它是波动率比较大的，有时是波动率比较小的。然后波动率比较大的时候，有时候是一个震荡市，或者它可能是一个比较大的熊市，或者是当隐含波动率比较小的时候，它可能是一个很平稳的牛市，或者是一个平静无波的区间整理的行情，所以我觉得把波动率跟行情配合起来，它有非常多的走势。一个固定的系统，或者是有很多逻辑的系统，或是你认为很好的系统，它的胜率很难长期维持在高位，我们所说胜率是你对过去的行情所回测出来的，或者说是你过去所交易出来的一个结果。

我们常说过去不代表未来，我们根本没有办法知道未来胜率还能不能这么高，所以对于胜率的话，我们还是希望能够尽量维持在某一个合理的比率，不要到太低就好，到底什么是太低呢？其实我们在做的时候，有时候认为这个大概是可以达到50%以上的胜率，但是我们实际做起来可能只有20%~30%，这就稍微低了些，但这个是常常会发生的。

所以既然胜率我们没有办法把握的话，我们就把关注点放到另外一边，即所谓的盈亏比。盈亏比在很多时候我们还是可以把握的。如果这个行情没有太大的跳空或者是没有常常跳空，盈亏比会变得非常好掌控，因为止损比较能控制。赚了钱以后才开始启动一些追踪停损，我们就可以把这个利润尽量地往外去做一个扩张；或者是一到了亏损的时候就立刻做一个止损的动作，这个东西我觉得你可以控制在1∶2或1∶3，其实有时候短线控制在1∶1.5就已经相当好了。

可是，我们去把止损尽量拉近的时候，你会发现常常止损会让你胜率变得很低，这个事情也是会经常发生的。所以为了能够有一个比较好的盈亏比，你不得不放低了这个频率。

如果以我的看法，第一个我会先考虑我的成本，如果我的成本比较低的话，对于交易频率我还是希望能够尽量提高。第二个，盈亏比的控制，我觉得我会尽量把它放在胜率的前面，因为我个人对交易逻辑可能不是那么的有把握。当然虽然我们也会利用我们的交易系统，它会在统计上比较有优势的情况之下去做，但是你会发现很多的方法反而会是降低我们交易频率的做法，所以它中间还是有一些需要考量的情况，我觉得可以做一个组合。到最后你就可以发现你的交易频率、盈亏比和胜率，在你交易了一段时间之后，自然而然达到你所需要的一个完美平衡。

徐老师平时经常跟大家说“你想赚什么钱”，刚才您又提到“你的优势在哪里”，能不能就这两个问题跟大家谈一谈？

其实对很多人来说，他不是很清楚自己的优势在什么地方。我们大部分的投资人，可能数学或者数字方面并没有一些专业的经理人，或者是一些从海外回来的硕士、博士，那些专门学数学、物理、金融工程的人来得在行。可是很多人他们却很希望能够做一些相对短线，赚那些逻辑上很清晰才能够赚到的钱，所以他们为此做了很多的研究。

我们可以发现，市面上很多的金融书籍，特别是期权的，很多外国人写的偏向数学理论内容的好像卖得特别好。也有人来问过我BS公式怎么算，怎么去做推导和展开，希腊字母二阶以上到底是什么样的一个情况，要怎么使用，我听得头都昏了，二阶以上的希腊字母事实上我也没有展开过。

大家都希望能够把自己的短处给补齐，而忽略了自己的长处是什么。实际上很多投资人或者个人投资者的长处可能是可以容忍比较大的回撤，然后可以获取一个比较大的利润，可以不用每天做单，可以在看不懂的时候轻仓或空仓很久，有机会的时候再重仓出击。很多基金经理人没有办法做这样的动作，因为应一些公司的要求或者是基金持仓的要求，他们必须随时都有一个比较重的仓位。所以我觉得我们可以利用这方面的优势去做一个比较灵活的操作，在有趋势的时候，你可以做一些比较有趋势的做法。

对很多人来说这是一个长处，可是大家总是不觉得这是自己有优势的地方，反而会觉得他要学习那些比较专业的基金经理人或交易员，把自己的短板给补足，这是我常常看到的一个问题。

因为我被问很多这方面的问题，所以我还是希望大家能够正视自己的优势。当然每个人有每个人的优势，有的人内心强大，有的人特别细心，有的人对于某类型的板块，比如说金融股或者是科技股，他的看法就特别的敏锐，比如说你刚好在做科技业工程师，你可能对科技股的嗅觉特别敏锐，这样的话你是不是可以做一些所谓跨市场的价差？比如说你对于金融的 ETF或者是对科技的ETF见解独到，哪个比较强你就可以多买这个，多卖出其他。当然可能现在没有这类期权，但你可以对沪深300跟50ETF期权做强弱的一个交易，在这个板块你的认知有优势的话，你就可以专门做这样的一个操作。

刚来大陆的时候，我常常问交易员“你要赚什么钱？”，因为他们都不知道应该要赚什么钱。很多交易员都是从线性的交易习惯或线性的交易逻辑走过来的，他们对于波动率甚至对希腊字母，甚至于对他们要做的很多种交易的核心都不是很清楚。

比如说你问要赚什么钱，他们就说这个钱也要，那个钱也要，如果全部都赚不是比你只赚这个钱要方便得多？但是问题是，他说这些话的时候并没有一个比较好的考量，比如说我如果要赚波动率的钱，我可能对于波动率就会特别地去做一个分析，然后把一些方向性跟一些没有必要承担的风险尽量给对冲掉。接下来它会非常的清晰，因为利润是来自于波动率的时候，比如说这个行情开始剧烈波动时，近月份的期权价格可能会突然拉得很高，然后远月份完全没有跟上去，你可以很清楚地看到这是一个很好的套利机会，你就可以卖出近月的期权，买入远月的期权，等远月的价格上来后获利了结。因为行情突然受到某种外部刺激，突然跑得太快，激情过后，它可能很快就会回来了，你卖出近月期权买入远月期权这样的一个做法也可以很快赚到波动率变化的钱。

可是大家在想这件事的时候，可能只想到这个行情突然有一个波动了，我是不是要去卖出波动率；或者如果预计持续升波，我是不是要持续买进波动率；当波动大时，它可能是因为这个行情拉升得很快，标的资产持续上涨，或者是持续下跌，我们是否可以去做标的资产的涨跌？我觉得这样你的思路就没有办法集中，在交易上就会比较混乱。以后遇到这样的情况，你每次都没有一个准则去想该做什么样的事。

2020年我在公众号的一些文章中也写了很多，当行情隐含波动上来的时候，我们可以很明显地知道可以赚到一个什么样的钱。在这个事情发生的时候，你所要做的这件事就会变得非常清晰，而且你会变得很有把握可以赚到这些钱。

有人跟我开玩笑说“我们成年人做什么选择，只有小孩子才做选择”，虽然是句玩笑话，但说出这样的话时，其实要不然他就是非常有信心，觉得自己可以赚到很多钱，要不然可能就是不太清楚他要赚什么钱。总之，对于要赚什么钱这点我们还是要清楚明白的。

就是说，你想赚的钱尽量跟你的优势有所交叉？

对，因为其实很多人在做这件事的时候，对于自身的优势或者自己的个性，或者自己最适合做什么事，他并没有非常清楚。我觉得如果能够清楚的话，对做交易是会非常有利的，因为每个人都很特别。

过去在交易部门选交易员的时候，我们还是比较喜欢选一些有数学背景的，或是选一些会写程序的。我相信现在有很多私募公司也是用这样一个方法来选。到后期部门规模扩大的时候，我们选择的方向就比较广，我们会选一些念历史的，念哲学的，我觉得这方面的人也很适合。另外还有一种人特别适合并且能够做得很好，那就是运动员，因为他们的意志力和反应能力都非常好。

在大概2011年左右，中国台湾那时候选交易员还要做一个测试，打电玩。因为团队希望能够招募反应快的交易员，所以带候选人去打电动并观察他们的反应，所以电玩冠军常常也是被选择的对象。

但你可以发现条件一直在变化。刚开始可能要找一些会编程、数学逻辑好的，后来要找一些反应快的，再然后是学历史的或者学哲学的，这些人会比较有大局观，而且逻辑也会比较好。我觉得有的个人特点可能对于某一种交易会特别有用，而我们有时候对于一些板块的交易也是有需求的，所以有特点很重要。

所以各位还是要想一下自己的优势在什么地方，我觉得也可以做一个量表，自己去多思考。天生我材必有用，这句话我觉得越想越有哲理。

在执行交易系统，保持资金曲线的稳定性上，你认为有什么是最值得重视的？

交易系统应该是由很多方面构成的，比如说你的交易系统应该会有很多子系统在里面，可能有一些趋势的，或是一些逆势的，或是一些区间的、套利的等等。然后它针对不同的市场，针对不同的行情，应该都有不同的适应性。至少在你使用它之前，它应该有通过你的一些严苛的测试，而且应该也有一些所谓系统失效的下架标准，比如它单一的子程式，可能到什么情况会遇到问题。像这些东西就是我们可能每一季的时候都要对子系统做的评估。如果你的子系统发生某些问题的话，可能要做一些增减，让整体能够保持一个未来可以继续稳定运作的形式。当然我觉得这些还属于第一层，是一些应该要做且非常基本的事。

另外，一个交易系统，除了刚才所说的一些逻辑，包括子系统进场和出场的方式，第二个我觉得比较重要的是，资金管理及风险控制，它应该也包含在你的交易系统里面，也就是在什么样的行情，我应该可以有什么样的仓位。比如说我这是一个赚钱加码的系统，做一阵子赚钱了，我可能会把仓位持续扩大，或者是亏了一阵子，仓位会持续缩小。我们在做资金管理的时候，系统可能会遵循所谓的凯利公式，或者是设定好的赚钱加码法，或者是赔钱加码法，或者是任何其他的一些资金管理办法，在这些事情上我们也必须要做一些考量。

我在2020年的很多文章、视频或者是公开的交流会里面常常都说，越确定的事，我们可以做越大的杠杆。其实我觉得这个也应该在交易系统的资金管理里面，它是使系统有爆发力、有成长性的蛮重要的一个部分，就是说对于资金管理，除了刚才所说到的这点之外，我们可能定期也要做一个调整。

一个系统最完美、最赚钱的时点，通常并不是在运行了一阵子之后，而是在你刚完成它的时候，它通常就达到一个最高峰，之后你要对它的获利做一个适当打折。所以我们通常在交易系统刚开始运作的时候对系统内的资金管理稍微打一个折，然后在动作的过程中，你或许可以慢慢发现它比你想象中来得好。接下来我们可能定期，比如说每一季再调整一次，重新验证，资金管理到底是不是需要做一些改变，要做一个什么样的加强，或者是最后我们不需要资金管理，会把这个交易系统的杠杆再放小去做。我觉得这些事都是系统没失效之前我们要考量的。

各位可能会觉得很奇怪，杠杆为什么要缩小，因为我们可能刚好遇到市场上或是历史上比较不好的一段时间，基于对亏损和风险的考量，所以杠杆可能缩小，等到交易系统净值再往上有安全垫的时候，我们会把仓位再放上去。我觉得在系统是否有效方面，若它一直在我们接受的区间之内，我们会希望它能够持续平稳运行，如果它的获利能够一直靠近平均水准，我们就认为这个系统是OK的。

你是怎么看待基本分析的？你觉得通过基本分析来做价值投资的人，他们的进出场依据算是刚才我们提到的，一个清晰明确可复制的交易系统吗？

从我一个不是做基本分析的人的角度来说的话，我觉得可能多有偏颇。但是我认识有蛮多做价值分析的，我还是蛮佩服他们的。因为很多赚比较多钱的、持有大资金的人，很多都是做价值分析的。像行业翘楚的巴菲特先生，他也是做价值分析的。对我本身来说，我也蛮信仰这一块，只不过我在这一方面的功力实在是差得远一些。

以前在自营部门，虽然我是属于衍生品这一块，我们另外一边还是有在做股票的一些基本分析。他们的基本分析做得相当不错，他们可以非常了解这只股票，因为很多人觉得基本分析是研究它到底能够赚多少钱，或者是它未来能够赚多少钱，实际上它所包含的范围可能要比我们这些门外汉看起来的更多、更大一些。

一般来说，如果你做的基本分析是对的，虽然它不涨，实际上你也不会亏，如果它的护城河是够的，它的企业管理阶层的信誉还是好的，它不会让你在长期投资以后有很严重的亏损。只不过你买入时间点的判断可能没有办法像技术分析，像其他分析一样那么刚刚好，因为不会刚好在你去研究这家公司并买入以后它立刻就涨，我觉得像这样的事情是没有那么容易在那么刚好的一个时间点发生的。但是以我的经验来说，如果你分析得不错，后来的结果大多会比较好，而且风险还相对比较低，除非你这方面做得不够到位。

徐老师现在的精力主要集中在期权这样一个市场，但您这么多年的投资历程中也接触过很多个领域，那么您是为什么会把主要的精力放在期权这个领域的?

我觉得命中注定吧。完全是随着大时代的洪流，随波逐流到了这么一个分区。

其实刚开始我是很想到最主流的市场做股票的，但因为当时股票实在太热门了，所以我去这个领域的时候就进不去，就只好到期货公司，因为期货公司当时是属于比较新的。

后来期权出现后，很多人都不了解，更没有办法去做期权。因为我们这个年纪，或者跟我差不多年纪，或者比我小几岁的，学校当时根本没有什么期权的课程，也没有这方面的经验，所以我们就只好带头去学。学了以后你就是这个行业的先驱，所以就只好再继续冲到前面，继续往前走。

我觉得等于说非自愿性，但是又不知不觉被命运巧妙地安排，在这条路上一直不断地走，然后到这个地方，刚好又做得还可以，就觉得我是不是可以在这边继续发展下去，最后就不小心掉到这个坑里，大概就是这样的一个情况。

你觉得期权这种产品的特性，能给交易者带来哪些优势?

我觉得期权最大的优势，就是很多人说的非线性，但是我想用一些比较实际的东西来说一下。

如果我们要做某个产品，我们希望它是一个什么样的形态形状或是一个什么样的风报比，很多产品其实很难完全实现。但是你用期权，如果你对期权有一定的了解的话，它可以做出你想要的任何一个形状跟形态。

比如说你希望它高风险高报酬，你就可以用比较大的杠杆，然后去撬动它。如果你希望它是一个比较稳定的，你也可以利用期权把它给组合做出来。如果你希望它是一个套利的，我觉得相对于期货，或相对于股票，期权这边也会有更多的机会。

特别是在一个成熟的市场里面，你可以发现，在期货跟现货市场它的机会可能会越来越少，但在期权市场它总是有这样的一个机会，因为在波动起来的时候，只要大家速度没有一样快，或者是大家看法很不一致的时候，机会可能随时随地出现在期权市场。

到2020年大陆股票期权市场已经发展5年了，应该是一个很稳定的市场了，而且大家对这个市场应该已经非常了解。可是当波动起来的时候，你会发现，今年还是有很多机会可以让你去做一些低风险的交易。

所以我觉得期权市场存在的机会可能更多，这是我这5年来观察大陆股票期权市场的一个心得。它可以让你达成你想要做的一些事情，一些形态，一些风报比，另外存在的机会会比你想象中来得还要多，只要你愿意去发掘，愿意去研究。

徐老师在《我当交易员的日子》这本书中提到，很少在盘中做决策，大部分都是在盘前做好决策，盘中执行决策。如果说盘中出现了计划外的，但是很熟悉的机会，这种情况下你会怎么做呢?

这种情况我真的很少遇到，如果出现这种情况，我通常也会延后做决策，因为我的脑子不是那么的好，说实话我很少在盘中发现这么好的机会。

如果有这样的机会，这可能代表另外一件事，我盘前的计划做得可能没有想象中来得好。这个机会可能也是以前经历过的，是一个好机会，但是我在计划中并没有发现，导致今天会出现类似这样的一个情况。其实我们很不愿意去打破我们的既有框架，因为你打破一次的话，就会有第二次，我们通常宁愿放弃这个机会，然后去做一个检讨，争取下次做一个比较好的完整的计划。

制定交易计划后，在盘中会注意观察一些什么吗?

其实我们在盘中需要观察的，都还是我们盘前计划要观察的，比如说它的波动率不同询价的变化，或者不同月份的变化，变化到怎样的程度。通常我们都会在想，这个行情如果涨了一个点、两个点、三个点，甚至于是七八个点的时候，它会产生一个什么样的机会？

其实如果有一个千载难逢的机会，它通常都是我们想象不到的。比如说突然发生一件大事，突然有了一个跳空，然后另外一个行权价，另外一个月份可能跟不上，这样的一个千载难逢的机会，我们到底要不要？

这样的一个机会，其实有时候我们肉眼很难看出来，必须在我们监控的一些东西上才看得出来，既然如此，其实大部分都还是在我们的计划之内。如果真的是在计划之外的话，我觉得计划可以好好做一下修正和检讨，这反而是一个非常好的教材，或是一个让我们增强系统的好时机，我觉得这对我们来说也是好的。

突然出现这样的好机会，突然押了大笔的资金，然后我们突然赚了一大笔的钱，这其实很难发生。但我之前也看过一些文章，好像日本有个股神，他看到某只股票可能由于某家公司下错单，它价格比如说从100块直接被打到只剩10块钱。然后那个时间就非常的快，非常的短，好像都没人发现，他就投了大笔的钱。那家公司发现以后就赶快把它给买回来，然后你就赚了很多的钱，除非是这样的一个情况。我觉得这在波动率交易中是比较难发生的，但是在个股上也许有可能。

未来我们可能会好好研究一下，如果有这样一个机会的话，我们是不是可以去做一个买入？不过一般而言，我觉得我们反应没那么快，当我们看到一个特殊价格的时候，我们可能都会再思考一下，可是通常在思考的时间就错失了这样的机会，因为我们也很怕，这不是一个机会，而是一个陷阱。这也是我们以前在交易的时候遇到过的事。

盘后做交易日志和复盘的时候，有哪些要注意的，或者说有哪些重要的方法跟大家谈谈。

又来到大家觉得交易中最烦闷的部分，就是复盘。其实我以前当交易员的时候最讨厌的一件事就是复盘，而复盘又是对交易员非常必须的事，因为它可以让你在交易上具有持续性，能够让你改掉一些坏习惯，让你在第二天的交易能够迅速集中，而且能够做正确的事情。所以复盘是一件非常重要的事，至于它比较重要的部分到底有哪些呢？

复盘就是你对当天所做的交易好好地做一个检讨。

你当天所做的交易可能绝大部分都是不完美的，我们还是希望能够把每天的交易尽量贴近完美。所以在复盘的过程里面，我们可以知道有哪些是不那么完美的部分，有哪些是可以复制的部分，我们希望在未来的交易能够做一个改进，做一个持续性的更新。特别是当行情有一些比较奇特变化的时候，在当天先前没有想到的，我觉得在复盘里面也可以让你再好好地做一些思考。

当然我们也说到做交易日志，等于说你每天把账做好了以后，它会让你在心中再进行一次强化，会让你觉得这是一件比较重要的事。在未来几天、未来数周或者是未来数月，在你做一个比较大的复盘的时候，交易日志可以让你有一段比较完整的记忆。如果你是每天做复盘，我觉得那只是一个习惯性的纠正，当你要对比较大的格局，或是你的整个交易系统，有一个对不同行情比较完美的贴近的时候，我觉得做这些交易日志就会是一件非常重要的事。

很多人说做复盘可能只是为了要修正当天的一些失误，或者是要改进一些习惯，我觉得除此之外复盘可能还有更多的功能，至少对你的交易系统，对你整个人跟着行情的改变，或是一个人的成长，都是有一些相关性的。

徐老师每天看财经新闻或者分析报告吗？

其实我看的真的不多。但是我觉得这些新闻有的写得还不错，有的写得就不是很好，因为以前看新闻的时候，我还是比较喜欢去评论他们的评论，这些评论会让你多思考一下。

你看这些东西的时候，要看的是他对于这件事的一个逻辑，有时候你会发现这个逻辑写得真好，那就可以去学习一下；有时候也会看到这个逻辑有点奇怪，有点不通，那么就去想一下，怪在什么地方。所以看新闻或者看那些分析报告的时候，也不要全部去采纳去相信。

我觉得常常看财经新闻也有帮助，至少不脱节，但是还是要多多去思考，一面看一面思考，不要看了以后就过去了，没有思考，只是为了看而看，然后记不起来任何东西，这样反而对个人没有用处，甚至是浪费时间。

在一些重大新闻公布之前，或者说一些长假之前，有很多人会喜欢采取一些固定的策略。徐老师在长假或者说重大新闻公布之前，会有这样的考量或者这样的习惯吗?

其实我们也蛮喜欢做这样一些交易的，实际上这种交易我们会把它定义成某一种类型的交易，我们叫做“事件型交易”。

对于事件型交易，大部分交易者或者是机构，都会做一个统计。就是长假之前可能会有什么样的情况，美联储要开会之前会有什么样的情况，这个行情之前是怎么动，之后会是怎么样，他公布的情况到底是什么样子等等，我觉得都可以做一些比较细的分类。

它有时候对有时候错，但是可以给我们一个概率上比较好的帮助，我们也可以利用这些事件去做一个相对来说高报酬低风险的策略，比如说我可能输1%但有机会赚5%这样一个盈亏比率的策略。一年之中这种机会不多，我们只要能够逮到几次，对今年的报酬会有相当大的帮助，所以这类型的我们还是会常常做，而且我觉得大家有空的时候也可以去做。当然我希望大家还是要考虑一下你要赚什么钱。遇到这种事件的时候，我们通常希望，比如说能够赚一个高盈亏比的钱，这个倒是还挺不错。

其实我们以前也做错过一些事情。

过年前我们统计了过去20年的资料，结果发现在农历过年前几周从来都没有下跌过，我们看到以后好高兴，若从来都不跌那我们要怎么做呢？我想说这样好了，我们就做一个偏多的区间的双卖。

可是双卖真的赚不了什么钱，为什么赚不了什么钱？虽然行情不涨不跌，但长假前隐含波动率常常上涨，行情不动隐含波动率上涨较多的话，有时候就会亏钱。这种情况做双买反而比较合适，扣除时间价值的损失后，可能没有隐含的利润，但是你也不会大亏，若遇到突然的奇怪例外走势，说不定还可以额外地赚一些。所以统计上这段期间行情平稳未必就适合双卖。

我说这个是不是有点矛盾？如果快到期的话，可能期权时间价值的损失会强于隐含波动率上涨的获利。如果期权离到期日还比较远，我们可以买进，因为Vega较大，隐含波动率上涨的获利可以比时间价值的损失多，故一般会买远月，卖的话根据统计资料可能要卖近月，当然必须考虑时间价值与隐含波动率，不过近年长假前隐波都会升至相对高点，节前事件交易可能要多考虑一下事情的预判，不像过去那么单纯。

在节前，你看波动率常常会往上，那时候你要赚什么钱这件事会让你更清晰地做思考，如果你要做双买，你就不太会去买所谓的比较近的月份、快到期的合约，你可能会去买一些比较远的、损益受波动率影响比较大的合约。然后你在节前，要放假之前，可能就会把这个部位先做一个出清。

不过像这件事，2020年又有一些明显与以往不同的改变。它不是在年前最后一天收盘时隐含波动率拉到最高，反而是在前一天或者是在年前最后一个交易日的中午，隐含波动率拉到比较高的位置，然后突然就跌下去了。会有这样的事可能因为大家都预判到节前隐含波动率上升，有仓位的想早点出场，然后早点执行出场行为，这里面又有一个所谓的竞争赛局的情况。近年可能要稍微留意节前交易的细节，不过以整个盈亏比来看的话，还是可以做的。

跟大家谈谈怎么选择交易品种。在选择交易品种上有什么注意事项?

其实以我们这种机构的交易者来说的话，我们还是比较习惯交易自己比较熟悉的一些品种，像我不管在写文章或者是在以前做资管产品的时候，很少会去做自己不熟悉的品种，如果要做的话，实际上也是经过了比较大量的回测，然后从少量开始做。虽然有的时候我们觉得绩效很好，但是由于不是那么熟悉交易规则，所以如果一次做太多也会怕有一些意外发生，所以我们建议还是做自己比较擅长或者是比较熟悉的品种。

在品种的选择上，我建议可以用慢慢增加的方式，以你比较熟悉，以你觉得流动性比较好，或者是你觉得这方面未来是有比较有前景的为主，我觉得可以从这方面慢慢地去增加，千万不要一下子增加太多。

如果需要的话，比如说你已经经过了一个大品种的回测，你想一次做很多，这样我还是建议从比较少的量开始去做，因为刚开始的时候总是会发生一些你所想象不到的问题。

有一些交易员，甚至有一些很知名的交易员，经常会提到说他们喜欢重仓交易。你是怎么看待重仓交易的？

我在过去的职业生涯里面，很少看到重仓交易能够长期有比较好的绩效，偶尔一段时间可能会还不错，可是遇到一些突发性事件的时候，他们的损失也会比较大，我觉得运气的成分还是比较高一点。

重仓交易的话，就代表资金管理方面应该有重仓交易的原则，如果这个原则在逻辑上能够解释得很清楚，我觉得应该也是可以的，但是以目前来看，我还没看到有能够解释得那么清楚的。

我们常说为什么要轻仓，为什么要重仓。轻仓事实上是很多交易员基于风险偏好度的原因作出的选择，或者是他们不知道该怎么做，或者是之前做的一些受到重挫，他们可能会觉得一直是轻仓就比较保险，一直不敢去做重仓交易。他们可能对这个行情就不是那么了解，还没有入门，所以他们会不断地轻仓交易，实际上可能是心理上的一些问题。

如果是经常重仓的话，通常我所知道的是，还不到不了解的地步，但可能也是没有入门，他们希望能够在很短的时间之内非常快速地去累积资产。

当然这是我个人经验告诉我的答案，或许有些真正重仓交易的人，他们确实是算得非常好。因为我常常在说你越有把握的越可以重仓，当你把握度非常高，高到100%的时候，你就可以开始动用比较大的杠杆，去获取比较高的利润。所以如果你真的重仓，又非常有把握，而且你能做得非常好的话，我觉得还是可以做的。

不过通常重仓交易，比较常见的还是发生在套利交易上，而且是一个几乎无风险的套利，我觉得这种交易就会有它的道理性存在，如果不是的话，要看风险度怎么去衡量，如果风险度是可以接受的话，也是应该有它的道理。

其实这里面存在幸存者效应，一些人赚了很多钱，说我就是重仓交易，你也辩不过他，但其实很多重仓交易都亏钱，这个东西我觉得运气的成分很大。

我觉得重点还是在你的把握度，如果是你自己的钱那是OK的，但是公司的钱往往是不被允许的。我可能说得也不是很明确，但简言之，个人造业个人担。

在《我当交易员的日子》这本书中，徐老师提到大部分时候的出场点是，当所要赚到的钱赚到了，或者说当时那个条件不存在了，会出场，能不能再详细跟我们谈谈交易中的出场。以及，做期权跟做其他品种的出场会有什么不同呢？

其实我们做线性的交易，绝大部分是趋势追踪，我们希望能够在趋势结束的时候去做一个出场，或者说趋势反转的时候做一个出场。我们不知道什么时候趋势结束，不知道什么时候趋势反转，所以我们就会尽量抱着仓位，让利润不断奔跑，我觉得这样是一个比较对的做法。因为你很清楚你要赚什么钱，而这个钱它的延展性、延续性可能非常长，然后你的整个交易系统也是为了赚这个钱而存在的，所以你就必须要不断地、很辛苦地、很有耐心地把仓位给抱住。

但是我们在做波动率交易的时候，可能只是一个定价的错误、一个情绪的产生导致你去做仓位做策略，它有这样的一个利润出来。所以当利润开始进来，这时候你可能立刻就要做一个出场。

当然我们做波动率交易有一点还是蛮神奇的——你获利的来源，我当初想赚的是波动率的收敛或者是偏度的收敛，我们能够把这个钱给赚到。可是通常比如说我们做了一个比例式，我们希望能够赚到偏度，因为它可能是一个负Gamma有赚到时间价值的，可能过了两天偏度还没有回来，但是你却已经赚到你想要的利润目标了，这个时候我也会建议大家立刻做一个出场。因为通常在这样的时候，你赚到的这个钱很有可能是这个行情稍微走了一段，对你可能比较有利，或者它整个波动率下来，让你赚到其他的利润。虽然偏度没有回来，但是如果你先出场的话，实际上等于说把资金收回来，把资金收进来的时候，你可以发现我这个偏度还在，你可以重新再建一个仓位，仓位可能跟你原先的行权价又是一个不一样的情况，或者是跟你在当时所看到的利润空间，它的风险报酬又是不一样的情况，它可能跟你现行的仓位很接近，或者是完全不一样，这也是一个新的仓位。它可以让你在新的仓位里面有一个新的思考，等于说也会有一个新的获利的延展。

你希望赚到这个钱，但是因为行情的变化，你原先要赚的那个钱的来源已经不见了，你赚到了钱又不是来自于最初那个地方，然后你把它平掉，重新再建一个。这样我觉得反而会比较好一些，至少回撤的情况会比较好。

很多交易员在他的交易生涯中会遇到一段较长时间的低谷期，这段时间明明做法跟以前没有什么区别，可是诸般不顺，他是不是主要是由于刚才您说的交易系统失效？或者说还有没有别的原因？请您跟我们谈谈。

我觉得可能的原因非常多，其实不一定是交易系统的失效，说不定它只是刚好跟人一样运势有高有低，交易系统也刚好来到一个低谷区。当然交易系统低谷区会造成交易员的低谷区，我觉得这个可能会是一个相互的关系。

因为行情的变化还是挺多的。你在做系统的时候，或是你在做回测的时候，之前的波动状况跟行情的走势，可能会是一个跟想象中完全不一样的状况。你的交易系统在做回测的时候，你觉得它可能是一个非常高报酬低风险的系统，未来它可能也可以赚钱，但是实际上并没有那么高报酬低风险。

但是这样子到底算不算失效呢？其实我觉得可能在你的系统评估里面，它还没有到一个失效的情况，或许只是刚好在这个时间段赚不到钱而已。

我举一个比较简单的例子好了。我们在做移动平均线系统的时候，在2020年的8月份到9月份，这段期间行情还是比较盘整的，我们反复买入卖出，然后回撤也到了历史最大，这是从2015年2月份开始的历史最大的回撤。其实很多人都开始怀疑到底这个系统是不是失效了，但是我们对移动平均线还是有一定的了解，因为它是一个非常简单的东西，我们知道只要行情不是长时间在这个区间做小区间的盘整，它总是会让你赚到钱的。那么只要熬过这段时间就可以赚到钱了，所以通常我们都会把它给熬过去。

当然我觉得如果你对交易系统够了解的话，你可以做一些滤网，亏到某个时候你甚至可以稍微让它暂停先出场，然后假设你还有仓位，并继续计算净值，等到它净值又回到某一个程度并开始往上，你再把仓位放回去。而再进场时并不一定要等信号出现，而是我们假设已经有仓位，当净值回到所谓的一个重新进场线之后，再把仓位放回去，再让这个系统来做一个复活。这样子也是一个比较好的解决方法。

当然我觉得最主要的还是，你个人对你的交易系统要非常熟悉，而且要有信心。如果做交易系统的时候，你没有经验或者是一个对于长线的比较全盘的了解，你认为过去的波动永远是这样子，未来也是这样子，然后你设了非常多的参数，或者是你的系统非常多去拟合市场过去走势的话，未来如果失效应该也是很正常的一件事。

但是如果它是一个简单的系统，而且已经非常经典，或是你行之有年、对它非常有信心的话，我觉得做这个系统的一些统计，或者系统的停止及重新再进场的机制，可以让它延长寿命。

其实做交易系统很重要的一点就是，你对这个系统到底是不是真的了解，真的知道它在什么走势会遇到什么样的情况。最好不要认为这个系统是没有低谷的，而如果你有这样的一个心理准备，在处理上就不会那么无助了。至少你知道现在是一个低谷期，现在应该要做什么事，可以做一些什么样的动作来度过这段低谷期。如果有这样的认知的话，相信我们就可以渡过所谓的“难关”。

有一个简单的逻辑，如果系统真的能够那么快赚钱的话，很多人大概几年之内就是亿万富翁了。但我觉得这个世界上应该还没有那么牛的系统，每个月就能有百分之十几、二十几的获利。如果有的话，我觉得杠杆应该会用到非常大，然后赚到全世界的钱。

所以低谷期是我们大概90%的系统必然会遇到的。但问题就是，现在如果你还没遇到的话，你需要先思考一下遇到的话该怎么办；如果你现在正在遇到，你可以去多了解一下你的系统，多往前去看一下，多往未来去想一下，我做的这个系统到底是不是有一些很大的缺陷，这些都是可以去做一个检讨的。如果这关过去以后，我觉得未来数10年你可能都会很快乐。

有很多交易员把对市场情绪的观察纳入自己的交易系统。您怎么看待把情绪这种相对比较主观的东西纳入交易系统？

其实把情绪纳进去也是资金管理常用的一个方法。在期权市场里面常常也会有这样的一些做法。比如说隐含波动率很高的时候，我以义务方卖出波动率来做一个范例好了，可能这个时候因为它的风险会比较低，比如说负Gamma也会变得比较小，然后我们做一些行权价比较远的，确实它的风险也会比较低，我们可以下一些比较大的仓位进去，但风险并不会比以往增加。

然后当隐含波动率不断往下走，到了某一个时候，你可以发现此时它的负Gamma也会变得比较大，如果你下太大的仓位，如果这个隐含波动率突然拉起来，你的损失会非常大，特别是如果你为了维持获利做比较远行权价的大仓位，它上来的倍数反而会更大，风险也会更高。

所以我觉得以交易来说的话，我们可能会在隐含波动率高的时候，下大一点的仓位；隐含波动率低的时候，如果你要卖的话，我们会建议你卖少一点的仓位，这也会相对比较安全。

这个也很类似刚刚所提到的包含情绪的系统，因为隐含波动率它会有一个回归均数，它有低的时候一定会高，有高的时候一定会低，实际上我觉得隐含波动率对应到市场上，就是波动的一个形式。如果它确实可以把波动这样一个形态很规范或者是很明确地描绘出来，然后去决定它的仓位，我觉得确实也是有用的。

当你赚了一段很大的波动的时候——若你的系统本来就是波动大能够赚到钱，波动小可能就会常常挨耳光——如果你的系统是这样子的话，它确实赚了很大一段的时候，它可能就要开始回归均数了，接下来可能要小心应对仓位，因为情绪也就是我们说的波动率，本来就有这样一个倾向。其实我觉得这样也是合情合理的。

而没有那么好的获利的时候，可能也是因为那个系统的判断并不一定是100%的正确，但是长期它确实能够增加你的获利的话，我觉得也是可以用的。

在判断市场这种强烈或者比较弱的情绪的时候，波动率应该是一个很好的指标。除了波动率之外，还有没有其他的指标?

波动率VIX，在国外一般被称为恐慌指数，所以当恐慌越高的时候，它也是越高的。在指标上大家一般会用隐含波动率或者是波动率，或者是用 ATR（真实波动幅度均值，Average True Range），甚至有人说用交易量也可以，交易量比较大的时候，市场上有比较多的人开始进入这个市场，我觉得它也是一个可以判断现在市场上到底热不热，大家情绪高不高昂的很重要的讯号。

当然我觉得你的系统如果能够搞好的话，应该也是一个能帮你控制仓位的非常好的工具。

关于交易系统的构建，徐老师能不能给新手交易者提一些建议？

针对新手，我就说得简单一点好了。因为说到交易系统，其实我脑中第一个浮现出来的东西，反而是我要如何建立一个程序化、量化的系统。

如果要构建一个交易系统，我觉得还是有几个步骤。

第一个步骤，我觉得还是从个人开始，到底你个人有什么样的能力，对自己了不了解，你到底要建立长线的还是短线的，你到底有没有这样的功底在？比如说你想做一些很短线、很高频的交易系统，但对于我们大部分的人，包括我，如果没有一个IT团队的话，大概也没法建立起来。

所以我觉得第一个，你必须要了解自己，了解自己的个性，了解自己到底能够做到什么样的程度，还要了解自己的资金到底能够承担多大风险。

从第一步开始，在你大概知道自己能够做什么样的东西以后，我们开始第二步。我们可以开始去建立一个这样的交易系统。我们就开始想，我们到底要做一个趋势追踪的，还是做一个区间的，还是做一个逆市的系统，或者是做一个比较混合性的，我觉得都可以做一些考量。

不过我建议如果还是初学者的话，想要成功率比较大，通常还是做趋势追踪的会稍微好一些。因为在时间花费上或者是简单度上，或者是以过去成功的例子来说的话，它还是属于一个普适性的，我觉得比较能够复制。所以我觉得确定交易系统类型时可以从这些方面去做一个考量。

其实我做交易系统还是比较喜欢分散、简单。分散，比如说我可以先做一个做多的，做多跟做空不要放在一起，长线跟短线不要放在一起，每一个系统就产生一个信号。比如说，涨过均线你就做多，但是不要跌破均线你就做空，不要把多空放在同一个系统里面。要不然你就只做多，你的系统就永远只做多。我认识很多真正赚到钱的人都不是多空都做，很多只做多。可以一直做多，但是问题是，你的系统要在偏空的时候能够不亏或者是亏很少，在亏的时候空手，或者是很关键的时候突然放空打了一小把再跑。

对于交易系统我有一点小小的建议，我觉得除了符合你个人本身之外，你也可以去尽量做一些简单而且分散的。

我举个简单的例子来说，我们可能用非常简单的系统，移动平均线、MACD或是一些简单的技术指标，然后截取一个方向，比如说只做多，就不要去做空了。或者说你去想它有类似盘整的一个情况，做一个比较简单的盘整的系统，把多个简单的小系统做一个组合，它通常会表现得相当不错。

另外，也可以根据你个人的偏好或者是需求去做一个交易系统，比如说永远只做多，你对于指数如果是长期看多的话，你在这个系统里面就不要去做空，或者存有一些期待行情大跌你去做空赚大钱这样的幻想。如果你要做一些有关商品的话，你也可以在商品在某一个价位之下开始做启动，然后永远只做多。总的来说就是经常做一个方向，让你的系统多样，而且简单。通常如果我们把时间拉长来看，它会是一个绩效还不错，而且相对比较稳定的系统。实际上我们想想看，像这么简单的方法，你去做一个简单的回测，比如说过去5年，你可以发现，它会比你想象中自己随便去做好很多。

如果所有的交易品种你都可以选择，假如你预判下一个10年，上证指数能上万点，在这种情况下你会怎么做？

如果我们认为未来这个指数会涨，而且确定会涨，它是一件很确定的事，我们当然是尽量去多做，但是还是要考虑一下自身的能力所及。

如果它是慢慢地一直涨上去的话，其实我觉得会非常简单，你要在第一个时间点，从现在开始就尽量投入大量的资金。因为如果假设是这样上涨的话，它是没有回撤的。

如果能够越早投入越大量的资金，它当然是一个越好的结果。但我们往往不知道它未来10年的增长路径会是什么样，说不定连跌9年，第10年才上涨，这样的话，当然最好的就是在第9年的时候累积最大的权益数，这个时候你的获利会最大。当然我觉得这有很多种不同的状况，还是要看自身的能力。

我们常常在说，越确定的事能够放越大的杠杆。但是我们一般人可能对这个杠杆并不是那么的了解，你放了杠杆以后，如果这个行情突然有一个稍大一点的回档，你可能就陷入破产边缘，甚至于破产，那这个游戏就没有办法继续下去。虽然未来是那么确定的一件事，但你可能不仅连钱都赚不到，反而是亏得两手空空。

我觉得首先一定要避免这样的问题，如果在没有那么确定的情况之下，或者说当你的资金量，当你能够承担的风险没有那么大的情况之下，不如采用一个比较固定而且分散的方式，把风险分散在不同的时间，所以我们可以尽量采用定投，而我比较喜欢说的是“定存”，用累积权益定存ETF这样的一个方式来做。如果到了一个相对比较低的时候，我觉得这个时候才是一个比较可以放杠杆的时候。但是如果我们对交易的经验不足，甚至你是第一次来到市场，其实我还是强烈地建议，你只需要做一个定投就好了。

因为未来你的目的是要赚钱，我们希望能够赚最大的获利，但是最大的获利就必须要付出相对的努力跟相对的风险。我觉得这都是一个比较相对性的问题。

所以在考虑这个问题的时候，第一个，你的自身的资金，跟你的能力，跟你的风险承受度，我觉得它们还是最重要的。然后第二个就是，你要知道你在什么时候能够放比较大的杠杆，什么时候你可能资金会比较宽裕，我觉得这个也是要考量的。第三个，你必须要有耐心，反正10年时间这么长，如果你确定能够涨到一万点的话，如果你在某些时候发现现在离1万点还真的挺远，那个时候我觉得就是一个好的机会，就好像过去20年你要买房，或者是现在你说想买房，你知道未来房价一定会涨，我相信你也会等一个非常好的时机然后再去做，甚至是用分期付款的方式把这个房子给买下来。我们做 ETF甚至做投资也是一样，你总不会在做这笔生意或者大买卖的时候，听说一定会涨，一头热就立刻把它给投进去。这个我觉得还是要细细考量的。

其实我也曾经有幻想过，如果能够再来一次，回到10年前，回到2008年那个时候，最后我们知道这个行情会往上，我到底应该怎么做。

其实我的第一个想法就是我可以买指数期货，我可以把这个杠杆给放大，然后就能够赚到比较多的钱，然后持续做一个换月。但是这样的做法还是有风险的，我到底要买多少？我不可能把这个杠杆放到那么大，因为中间只要我一进场一不小心遇到一个回档，比如说行情回个5个点的时候，我可能就要准备跳楼了，这样的风险我可能承担不起。明知道未来我可以赚这么多钱，我居然在第二天就跳楼了，这个实在是太悲惨了。

有时候我也想我买一些股票好了，那么买什么股票呢？我也实在想不大清楚。但如果是台湾地区的股市就可以很清楚，我应该买台积电，因为台积电现在已经占了台湾权指的30%，之前是占20%。我觉得这个想法有点作弊，因为我知道台积电会涨很多，从2008年的40块，现在涨到已经接近550块了，就和我10年前作弊去买贵州茅台类似，但是它们未来10年还会不会涨可说不准。

当然如果买ETF的话，我大概至少可以赚个三倍，我觉得这还是一个比较踏实的做法。所以以我比较踏实的个性来看的话，我个人认为，我还是会在我能力范围之内尽量去买ETF，我的做法是希望尽量能够在指数比较低的时候，有钱的时候，尽量去扩大持仓权益数，我觉得这也是一般人在日常生活中能够做到的。而且我知道能够涨这么多，我确信可以赚这么多钱，这个也是大家不管在任何条件下都可以达成的目标。当然我还会根据个人的能力，去做一些能够加分的事。因为指数未来是长期往上，所以我希望能在当时行情做比较大的回撤的时候，有这样的勇气去放一些杠杆。

当然我个人的勇气不会那么大，在行情做了很大的回档的时候去做一个很大的杠杆。但我还是希望能够在行情回档比较大的时候，去做一个两倍左右的杠杆，把我的权益数再进一步扩大。因为既然未来能够这么确定，我觉得这反而是一个相对比较好的机会，就是不管行情未来会如何，只要能够规避破产风险，我在未来一定是可以赚到钱的，我觉得各位可以朝这样的一个思路去发展。

如果不想想太多的话，至少我们可以采用尽量扩大权益数，有钱就去买ETF这样一个方式，人人都可以做到，我也可以做到，就算你的信心程度没有这么强，它也是一个可以很容易达成的目标。（***更多细节可参见徐华康著《财富自由之路：ETF定投的七堂进阶课》一书***）

假设你预判未来一年指数一直处于一种震荡的状态，这一年你会采取什么样的主要策略来操作？

我们的标的物如果是指数的话，以我个人的经验，如果它处于震荡状态，我还是希望能够尽量简单一点，尽量做同一个方向，当它震荡到相对比较低的时候，我希望能够尽量采取一个做多的方式，然后在高的时候，当然是希望能够脱手一些仓位。简单，通常可以让我们的思路更加清晰，而我们的操作行情也要符合我们的判断，至少判断错了也不多亏钱。

我们并不知道它震荡的区间是什么样的范围，但是我们至少可以抓出一个均数。在我们认知上，我们永远是持有一个比较偏多的仓位，这也是我在过去20年交易生涯里面的一个体会和感悟，做指数我们尽量还是不要有太多看空的情况。

如果预判未来一年的行情是属于区间震荡的情况，其实一般交易员或者以我自己过去20年在台湾地区做指数的经历，我们还是比较习惯一个偏多的做法。当然在区间震荡这样的走势中，它的标准答案是低买，高卖。但是真实行情在走的时候，我们真的不知道它高的时候会不会再继续往高，所以我们常常都会设一些所谓的心理压力点，或者是确实形态上的压力价位点，我们到高点的时候可以做一个减仓，甚至于做一个出场。如果它有一个新高的时候，我们会把仓位再加回去。但是如果它要跌破的话，我们可能会把这个多头仓位再平掉，然后等到它到一个相对低位的时候，再陆陆续续分批做一个买进的动作，希望能够在震荡的行情里面赚一些钱。

在某些比较关键的时候，还是要多保有一些弹性，这样在行情判断错误的时候才不会突然觉得非常的懊悔。虽然我们认为这个行情可能是一个区间震荡，但是我们在做法上还是要在一些支撑跟压力点的时候保持弹性，以避免在判断错误时造成比较重大的遗憾。不管行情如何，我觉得这样的想法还是要有的。

如果你预判大盘已经见顶，未来将开启熊市，你会怎么做?

这种情况对我们做股票权益的是一个比较不好的消

息，但在做法上还是希望尽量能够做一个减仓，持盈保泰。

当然如果行情真的跌下去能够有个低点的话，这时对于手中有现金的人是一个非常大的利多。其实我们在做投资，特别是长期投资的时候，遇到熊市时保持手中有现金是一个比较好的方式。

但是问题是熊市到底有多大？到底会持续多久？大家还是要有一个想法跟预判。判断错误怎么办？这个熊市如果只持续了两个月、三个月，或者是这个幅度没有很大，如果你持有太多现金等得太久，当行情又上来的时候，你可能就错过了机会。

其实在做投资的时候要去思考一个点，我做投资未来能够赚钱，到底这个利基是什么？能够在行情比较低的时候持有最大的权益数，这个才是我们要做的一件事，而不是买到最低价。你持有的权益数越多，它所代表的是你未来的爆发性会越强。

见顶的时候，可以适度做一些减码，也是为了未来持有更多的股票，但是如果错的话，大不了把仓位再加回去，这样你耗损的最多不过是一些成本上的问题。但是如果你没有做减仓的话，如果熊市真的来临，大好的机会，到时候你最痛恨的就是你没有资金在这个相对低的位置去持有权益。这个是大家可以好好去思考的，千万不要怕这个成本稍微有点高，牛熊转折是好几年才难得来一次的机会，这种才是我们真正要把握的。

第三部分

交易与生活

我觉得赚钱的时候倒没有什么需要平衡，那个时候你的身心都非常愉快，呼风唤雨，要钱有钱，在公司走路都可以横着走。需要平衡的还是在交易不顺的低谷期，那时不管在上班的时候或者在回家的时候，我都还是比较难过的，所以我觉得还是要有一些个人的爱好。比如读书，比如运动，这些都比较能够去发泄你的心情。我以前每次交易不是很顺的时候，晚上都会开始跑我们附近的公园，一直跑……

做交易这么多年，在交易占据你日常生活大量时间的那些年份，你是怎么平衡交易与生活的？

其实做交易压力真的挺大的。但我觉得赚钱的时候倒没有什么需要平衡，那个时候你的身心都非常愉快，呼风唤雨，要钱有钱，在公司走路都可以横着走。赚钱时没什么需要平衡的，我现在想来当时应该收敛一点会比较好。

需要平衡的还是在交易不顺的低谷期，那时不管在上班的时候或者在回家的时候，心情都还是比较难过的，所以我觉得还是要有一些个人的爱好。

比如说读书，特别是运动，这些都比较能够去发泄你的心情。我以前每次交易不是很顺的时候，晚上都会开始跑我们附近的公园，一直跑，有时候边跑边想今天做的这些事实在是非常的笨，我跑到比较累，筋疲力尽的时候，晚上就可以睡个好觉。而且我觉得常常运动也能够让你第二天的精力保持得好一些。

所以希望大家不管交易得好还是不好，都尽量去保持一个运动的常态，这样会让你在交易员的生活里面甚至未来都能过得比较好一些。

我们常说交易员有没有控制力，体型或者是精神状态通常会是一个非常好的指标，如果你交易得不好，每天垂头丧气，也没有把自己锻炼得很好，人家一看到你就会越来越讨厌。我觉得就算你的心情不好，或是你的状态不是很好，也千万要打起精神来，这个在公司或团队里面是非常重要的一件事。

你最喜欢的书有哪些？

跟交易有关的，有本书大家应该都看过很多次，《股票作手回忆录》，这本书我看了应该有5次。然后《价格波动率的理论与定价》，这本书大概也看了三次。这两本书应该算是我印象比较深刻的。其实我后来还是比较喜欢看一些交易心理学类的书，我觉得它可以在交易不顺的时候给你一些信心。

交易之外的书，其实我比较喜欢历史类的，比如明朝历史的一些书，以及某些年代一些事件的书，其实我也常看一些有关于历史的公众号。这些对于定策略的大局观，对于人性方面，都会使你个人有一些比较好的反思。看这些书确实是有意思，特别是我们生活在中国这个地方，人性千百年来没有改变太多，所以看历史书对管理的帮助还蛮大的，在交易上也不错。

徐老师从交易市场上赚的钱，会拿出来投资其他领域吗?

这个是必然的，但是投资其他领域好像都没有想象中来得好。有很多人用专业赚到了钱，然后又用稍微不专业的方法亏了回去，这是常常发生的。

因为我比较专业的还是在衍生品，但有时候还想立刻做点别的实现财富自由，就去做了一些股权投资，结果股权投资的那家公司到现在还没上市，现在想起来是挺坑的一件事。对于不专业的领域，很多人还是蛮容易被忽悠的。我后来想想我为什么不拿这些钱投ETF，就算投一些乱七八糟的股票现在都没这么惨。

所以还是尽量在你熟悉的、能够赚到钱的地方继续投，这样可能会稍微好一点，千万不要想着太快，一下子就财富自由。

如果将来你的孩子要全职从事交易，你会支持吗?

我当然是支持的，这我有想过。其实我的小孩要做什么，我当然还是希望能够以他的偏好为主。

我有时候在想，交易这个东西其实真正要赚钱，也不需要那么专业。这样说会不会打击到很多人？但我觉得还是跟耐心、逻辑和信心关系更大。你只要有一个好的交易系统，我觉得赚钱不是那么难。当然这前提是有一个好的交易系统。

交易的专业性并不仅仅是在所谓的数学上，或者说在金融上，我觉得它的层面会比较广一点。特别是在你个人的特质，你的耐心，你个人对于贪婪跟恐惧的控制力，我觉得这些可能会比我刚才所说到的专业要更重要一些。如果不能知道这一切的话，我觉得进到这行可能还要跟我一样，又绕了这么多的弯路。

通常的小孩子，都觉得最不可信、最不听的就是父母的话，所以我跟他说这些很重要，他是一定不会相信的。如果他干这行，我当然是挺高兴的，我觉得可以教他一些东西，但还是要看他自己的兴趣了。

附录

有人问，为什么人们不愿意止损?其实很实际的是，当股票下跌时，把它卖掉而损失，真的会让人觉得这是件愚蠢的事，而当你卖掉之后，股票又涨起来，这会让你觉得自己加倍愚蠢，为了避免这种愚蠢，所以多数人认为什么都不做是最聪明的事。

1. 交易的第一步，找到自己的方式

在这篇文章中，我们不说如何做交易，不说交易计划及纪律，也不讲复盘，我们将层次稍稍拉高一点点，说一下交易的方式。

你的交易是否有个主旋律呢？

有朋友问："老徐呀！期权交易要怎么才能做得好呢？"

这个问题我想了老半天，要怎么才能算做得好呢？有许多交易者都做得不错，但是绝大多数赚钱的人都谦称他们做得不怎么样。

虽然我偶尔遇到几个自称做得好的人，但也有其他交易者却不觉得他做得很好，可见好与不好之间，很难断定。

但是根据我过去在交易室观察的经验，绩效做得好的交易员，大多数交易都有一个交易“类型”做得特别好，而且仅有一个类型。

懂得愈多的人，未必是做得最好的，但最深入了解且专精一种类型的人，通常绩效最好。

人们常常希望自己能多懂一些交易的类型方式，在这种情况出现时可以用这一招，那种情况出现时可以用另外一招，但最后的结果却是不知所措，变得杂乱无章。看似像武侠小说的里的情节，但却常常真实发生在交易中。

我过去曾跟许多交易员说起这种情况，多数人相信多种类型的投资组合的风险更低，绩效更好，若单一交易类型绩效更好是常态的话，他将是唯一的例外，但最后的结果却通常不是。

（千万别误会成使用一个交易方式，如只用移动平均线或MACD等，这些技术分析组合可以归成一种方向型类型的方式）

专注单一的交易逻辑并且专精

我的一个中学同学，20年来他始终以双卖策略，做卖出波动率为主的交易。他做卖出期权策略在中国台湾经历了2004年“两颗子弹”、2008年金融海啸、2009年指数连续涨停、2011年欧债危机、2012年闪崩事件，在中国大陆也经历了2015年崩盘、2018年2月崩盘及2020年的新冠肺炎疫情事件，虽然净值走势不是一帆风顺，但每年总能维持不错的报酬。他对他的交易系统知之甚详，知道何时可以持有较大仓位，何时小赚即是幸福。

我在过去一直认为他的交易过于单一，能够抗衡风险的能力太差，有些时候获利的能力太差，但多年下来，单一策略做得好，也能做出个春天。

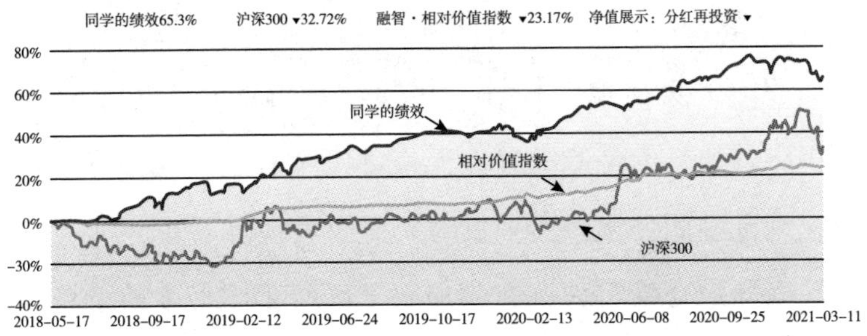

图1.1 同学只做卖方这两年又三个月的绩效走势

以前在我的交易室内，有几位同样也有杰出的表现。有一位叫阿志，他只做跨市场的套利，在中国台湾只做台湾指数与新加坡台湾指数（SGX）的价差套利，每年的获利非常的稳定。也有位女交易员叫小芬，只专注在指数的程序化交易，在投资组合中绩效同样稳定。而在我另一个先前任职的公司中，有几个绩效最好的交易员，居然只做日内T+0的短线趋势交易，在业内衍生品交易有很大的影响，各家公司均成立了日内的交易小组。我也看到有人只做300ETF与50ETF期权的套利，虽然时间不够长，但目前看来也很不错。

交易愈复杂愈不好?

理论上交易愈多样性，风险应该可以对冲掉，效果应该更好吧！但是绝大多数人或许资金有限，或许精力有限，或许顾此失彼，大多数的人反而表现得不好。

同样的交易室内，有些交易员同时采用了多种交易技术，在整体绩效上总是有些不尽如人意。例如，有个交易员宣称，卖出波动率交易与方向型的程序化可以互补，当程序化陷入无趋势盘整时，卖出波动率策略可以提供获利来源；当方向出现时，双卖策略无法获利，方向型的程序化可以弥补双卖策略的损失，当两个策略长期绩效均为正数时，其效果比使用单一策略来得好。但世事总是难料，当你持有空头仓位又同时持有双卖，指数又发跳空涨停时，因为使用的杠杆较大，损失有时更大，这种样本外情况不止一次地出现（如图1.2）。

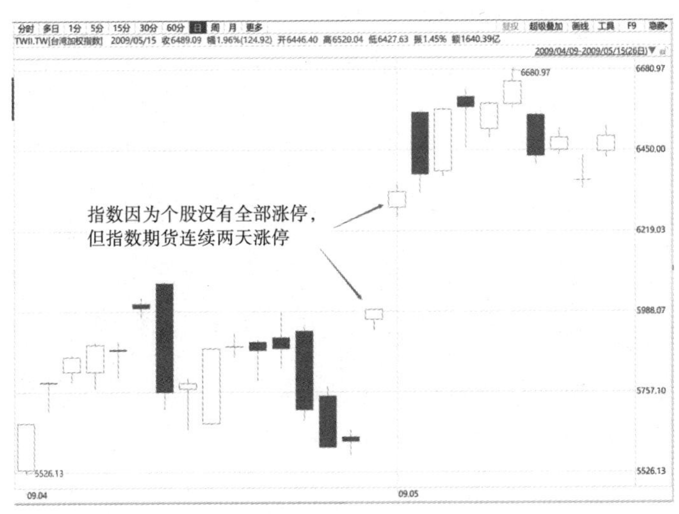

图1.2　2009年台湾加权股价指数在暴跌震荡后，连续两天涨停

我们用大联盟的棒球选手为例。一个年薪最高的优秀选手通常有其守备位置，如捕手、投手、游击手或外野手，他们在个别的位置上表现特别优秀。在队伍中也有每个位置都可以守备的选手，一般通常称为工具人，是当替补选手为主，没有专门的位置，薪水反而不高。任何职业运动都有相同的特性，足球也是，每个位置都有其特性，唯有将其位置的特性发挥到极致，否则很难在竞技中取得优势。交易也是一样，若不能将一种交易的特性发挥到极致，也很难在市场中取得优势。

先前有交易员认为，交易与其他竞技不同，只要多种交易可以获利，不用达到每一种都是市场最佳的，加上各策略间的风险对冲，一样可以赚到钱。这种想法虽然也没错，虽有其利，但亦有其弊。当多种策略开始失灵时，策略间对应市场改变的调整也相对复杂，加上交易室也有宏观的资金调整，每个交易员身上的标签是相对清楚的，在公司部门层面风险控制也相对容易，故复杂多策略的交易员反而变得可有可无，多数被淘汰出局。

找到最适合自己的主旋律

在非交易室中，我们看到目前市场上许多交易相对绩效好的交易者，大多数有其特定类型或核心的交易方法，且大多并不复杂，目前许多赚钱的客户确实如此。所以许多人的当务之急应该是有一个可以赚钱的方法，但我认识一些想学习期权交易的人，大多想学习自己最不擅长的那一块，希望把自己的短板给补足，就像许多有艺术家天赋的人却想当个IT工程师。

每个人都应该检视自己的条件：你的方法是否有获利？是否适合自己？有时间看盘的交易者，买方或双卖的一些对冲交易可以考虑，而其中更保守者，或许价差型、偏度交易都是不错的选择。没时间看盘的，可以做一些程序化或是趋势型的交易，但保守的或许可以考虑期权产品或是使用更小杠杆来做期权等方式。当然这是一些粗略的分类方式，重点是，你有没有找到最适合自己的主要交易方式，并把它做到最好呢？

2. 职业交易员是怎样炼成的?

我在机构的衍生品交易部门工作超过15年，每年都取得盈利。很多人问我如何在期权的交易上稳定获利，如何指导交易员做交易。我说，“我从没有指导交易员做交易，交易通常只有规则与限制，在这限制之内，交易其实是很自由的”。重点只有两个字——“纪律”。

交易员都有经验?

在交易室内，其实大多数交易员并非是很有经验的人。有一些是刚毕业没多久的，有一些是从研究部门转调过来的，当然还有一些是从其他公司挖过来的，每一个人都有不同的个性，每一个人对行情也都有不同的观点，对于风险的偏好也各不相同，这些不同的人每天却要面对相同的行情，用不同的节奏下不同的单，实现整体部门赚钱的目标。

在并非大数人有交易经验的前提下，公司必须制定很多的规则来控制风险，让整个交易的流程及风险是可控的，当然每一家公司的风格不一样，但是主要目的是希望在风险有限的情况下能够赚到最大的利润。所以在控制风险的层面上，都希望即使行情走势判断完全错误也能在损失有限的情况下全身而退。

风险如何设定？

但交易的风险要如何控制呢？由于期权是非线性的交易标的，对于风险的设定通常会用Greeks来设定，即交易员持有仓位时，不可以超过Greeks风险的设定值。例如，我们常会规定Delta不能超过资金的100%，负Gamma不得超过资金的30%，Vega不超过1%等限制。以实际例子来看，若交易员有100万的可交易额度，交易员持有方向性的总仓位不能超过正负100万，持有总仓位的负Gamma不能超过30万，总Vega不能超过1万元。这代表了，若行情跌了1%，隐含波动率变化1%，则交易员在Delta上最多损失1万，Gamma上损失0.15万，波动率也最多损失1万，合计最多的损失仅2.15万，如此交易员就无法持有过大的风险性仓位了。

除此之外，为避免交易员过度交易，除高频或套利交易的程序外，也会限制每日当冲的次数。例如，本来持仓最大风险仅有2.15%，但交易员通过每次当冲损失0.5%，日内交易20次，使总损失可以达到10%以上，这种交易员失控的过度情况绝对也要避免。

所以在风险上，控制住保险金额及交易次数是期权交易的第一步，毕竟这是一个带杠杆的衍生品，预防在较极端走势或交易员失控时损失大额资金是首要目标，有了第一层保护才能在可控的情况下往目标获利前进。

愈能赚钱的交易员，可以承担更高的风险

所有的风险和报酬都是相对的，我们很难在不承担风险的前提下去要求太高报酬，显然很不合理。随着时间，一天一天、 一周一周过后，有的交易员会露出赚钱的天

份，很容易每天赚到钱，有的人却遭遇困境，一直无法赚到钱，有时是行情的因素，有时是交易策略的因素，有时却是交易员自己本身的因素。

但不管是什么原因，我们倾向于愈能赚钱的可以用赚到的钱去扩大交易风险。例如，原先的风控限制是负Gamma30%，但获利超过资金额的5%后，负Gamma可以增加到40%。这概念很类似大家所熟知的安全垫，让愈能赚钱的交易员，在不损及本金的情况下，可以承担更大的风险，这也类似在资金管理概念上的赚钱加码，期待获利速度可以加快，而损失时速度要减慢。

还有什么规定?

除此之外， 我们会要求交易员每天对第二天的行情做出预判，并决定要下什么单。很多人不同意这样的做法，因为太麻烦，他们觉得自己“可以”顺着第二天的盘势实时做出正确的反应。事实证明，有些人确实可以，但是绝大多数的人没有办法在盘中实时做出正确的决策。举例来说，交易员可以依照逻辑认为50ETF行情在2.40元有强烈的支撑，故可预判并写下报告：行情来到2.42~2.40元间，30分钟未跌破或再站回2.42元以上，开始卖出2.40元的认沽，卖100张，Gamma不超过25万。或者认为目前隐含波动率太高，可以卖出2.45元的上证50期权的straddle，保持Delta在20万以内，Gamma在30万以内等方式。如此一来，将更有制约效果，更可以克服人性，在事先事后都更利于管理。

除了预先规划交易之外，在收盘后也会要求交易员做交易报表，归因交易的损益来自于哪一方面。是方向（Delta），还是行情波动的大小（Gamma），或是波动率的上涨或下跌（Vega），还是时间价值的流入（Theta）？当天有没有失误的地方？有哪些地方需要加强？这些动作都可以强化思路和培养更好的纪律，在交易中减少人为失误的发生。

为什么交易员比一般客户更容易赚到钱？

很多人认为交易员比一般客户更容易赚钱或更不易亏损的原因是因为有更多的信息帮助其判断，但是当我与客户接触后，发现许多客户的行情看法和判断，都比大多数的交易员精准和正确，但是为什么很少客户能长期获利呢？中间的差别是什么？只有纪律两个字。

在期权的交易世界中，每次使用杠杆，获利与损失总是会被无情地放大，它使得投资者的投资周期也加速反映在账面上，损失者会更快地被迫离开这个市场，而原先获利者也可能因为一个失误而瞬间亏损。一切都被加速，一切也都被放大。要如何在期权的世界中获利，第一步一定要遵守纪律，唯有遵守纪律才能长期不输。在不输的情况下，不断地学习、找寻更好的入市机会。唯有如此，才能跳脱期权市场非线性使用杠杆的残酷现实与无情轮回，站在更有利的位置去使用这项有利的工具。

想进入期权市场的人该怎么做?

想进入期权市场交易赚钱，需要如何做呢？这里提出一些小小的建议作为参考，总共有三个步骤，各位可以按照这个步骤逐渐进步，这也是我给初入市场的投资人最好的礼物了。

第一步：在你可以获利之前，使用更小的杠杆

（1）如果是买方的投资，建议初始每次使用不超过资金的5%，其他资金可以放入现金港或逆回购等固定收益中。例如我现在资金10万元，5%是5000元。2018年8月6日买入行权价2.55的认购，价格0.0220，可买入22张（5000/220=22.7），8月10日卖出平仓认购0.0600，获利8360元，以10万资金来看8.3%的报酬率不高，但风险最高仅有5%。下次投入108360元的5%，即5418元，在获利时慢慢扩大投资，损失时，慢慢缩小投资。

（2）卖方投资，则需考虑Delta，但目前多数客户没有较好的软件，故以总市值金额考虑交易，暂时不放杠杆是一个好方法。例如，资金10万元，2018年8月6日卖出行权价2.45的认沽，价格0.0600，我们把它当成24500元的市值（按行权指派需要交割的金额），可以卖出4张。持有四天后，8月10日买入平仓认沽0.0120，总共获利1920元，报酬1.92%。虽然获利金额不多，但风险较可控。同样地，下次以总资金101920元计算卖出张数。

（3）每次获利后，再决定放大或缩小杠杆。原则是获利后可适当放大杠杆20%，损失时缩小杠杆。

第二步：避免过度交易

（1）如果是当冲的投资者，不管是买方或卖方，刚开始交易次数千万不要超过每日一次以上，不管当日是赚钱或赔钱，先保持稳定的交易频率。

（2）以月度控制最大损失。如果当月损失超过资金的5%，则当月停止一切交易。在此前提下，交易者会更小心地控制风险，在有获利的情况下才会更积极。

第三步：每日收盘后思考第二天的交易方式

（1）在已经思考好的逻辑下进行交易。按前一天或开盘前的计划做交易，并将其记录，不要受情绪影响拍脑门交易。

（2）盘中仓位如有超过风险控制范围的，应立即对冲掉；坚守风险及计划交易。

如能按照以上的方式，相信未来在期权的交易上必定易赚难亏。或许，以上的建议会让许多人觉得无法快速赚到大钱，但是在期权市场，最重要的一件事就是先求生存，当可以稳定获利时，使用期权的杠杆才能成为真正的获利利器。我们过去就是这样有纪律地一步一步在市场站稳的，你能做到吗？

3. 小赔大赚的成功之道

在我漫长的期权交易生涯中，阅历了不少期权交易者。渐渐地，我开始能够预测他们的结局，这预感变得日益清晰和笃定。是善终还是惨败，分叉的关键并不在一个人的资金实力、运气和知识，而是他的交易模式。坏的模式导致必然的失败，屡试不爽，在交易上一时的得意与失意不能干扰。

交易模式包括交易策略和资金管理两部分。交易策略没有好坏之分，因人因时而异。资金管理则有好坏之分，一个好的资金管理，可以让你永远避免破产的危机，让你在相同的交易策略下，赚的多亏的少。成功者真正的秘诀在于资金管理，而非交易策略。所有交易策略运用得当都可以获利，但好的资金管理则可以扩大获利。许多平凡无奇的交易策略可以通过资金管理发挥巨大的效果，用风险更低的方式快速累积净值，获得绝对值意义上的成功。

本文就是要传授大家这样的资金管理之法。

常用的资金管理方式

常用的资金管理方式有亏钱加码法和赚钱加码法，即马丁格尔（Martingale）和反马丁格尔（Anti-Martingale）资金管理方式。由于亏钱加码法对多数资金有限的投资者来说，心理压力和本金风险太大，在实际交易中，除了网格交易的信仰者之外，机构、产品或大户均用赚钱加码法进行资金管理。根据笔者过去二十年的机构交易经验，确实也是赚钱加码法能提供更好的资金管理报酬。

赚钱加码法中常用的方式有凯利公式（Kelly Formula）、固定风险法、固定比率法、固定资金法、固定单位法、固定百分比法、威廉斯固定风险法和固定波幅法。

考虑到某些方法需要较大的资金和部分方法管理效果相差不远，我们对凯利公式、固定比率和固定资金这三种方式进行讨论，让大家了解资金管理的好处。

凯利公式（Kelly Formula）

这个方法来自21点游戏，是最经典的资金管理方式之一，也是最早用于衍生品交易的资金管理方式。公式如下：

F=（（R+1）*P-1）/R

P：根据历史交易次数计算的获利概率

R：每笔交易平均盈利和平均亏损的比率（即程序化交易中的win/loss ratio）

假设某个交易策略获利概率为60%，盈亏比为1.4，即P=0.6，R=1.4，计算出F=（（1.4+1）×0.6-1）/1.4=31.4%，表示每次投入本金的31.4%进行交易资金累积最快。

按照拉瑞·威廉斯（Larry Williams）的书中观点，如果账户内有100万人民币，则用31.4万元做保证金，假设一张合约的保证金是3000元，可交易100张期权合约，这样的资金安排可使利润最大化。

但以保证金计算交易张数的方式是不切实际的，也与凯利公式最初的赌场下注的应用场景相差甚远。保证金因行情变化而时常调整，则交易的仓位也会因为“规则”而非资金而大幅改变。另外，与历史计算的盈亏比和获利概率相比，未来交易情况可能会大不相同，这都会使交易者无法使用凯利公式有效地累积资产。

【举例】

我们改良一下，尽量用贴近该方法的方式来做资金管理。

之前给大家介绍过名为“多空挪移”的期权基本款交易策略（以下简称“基本款”），如果交易中利用凯利公式进行资金管理会达到怎样的效果呢？2015年4月至2018年6月，总计进行了402次交易，其中147次获利，255次亏损，获利概率为36.56%。147次的盈利交易中，平均每笔盈利181元；255次的亏损中，平均每笔亏损61元，平均获利为平均损失的2.95倍。可以算出F=（（2.95+1）×0.3656−1）/2.95=0.15。

换句话说，2015年4月开始进行基本款交易，每次交易投入15%的本金作为可以承担的亏损，即本金1万元，每次用1500元进行交易。若盈利，则获利1500×2.95=4425元，若亏损，则损失1500元，由平均损失61元可算出每次交易24张期权合约（1500/61=24.5）。

但实际状况却并没有这么简单。基本款的每一笔损益差距颇大，在过去三年中，单笔最大损失601元，发生在2015年7月7日到7月8日。如果当时交易24张合约，最大损失将高达1.4万元，一次亏光1万元本金，不仅不能避免破产，也在无形中放大了风险。

为解决这个问题，我们用最大损失601元替换平均损失61元来计算每次交易张数，故基本款每次交易2张（1500/601=2.49），每获利4006元（601/0.15=4006）增加1张。402次的交易，通过叠加资金管理，累计盈利由11001元变成了85865元。

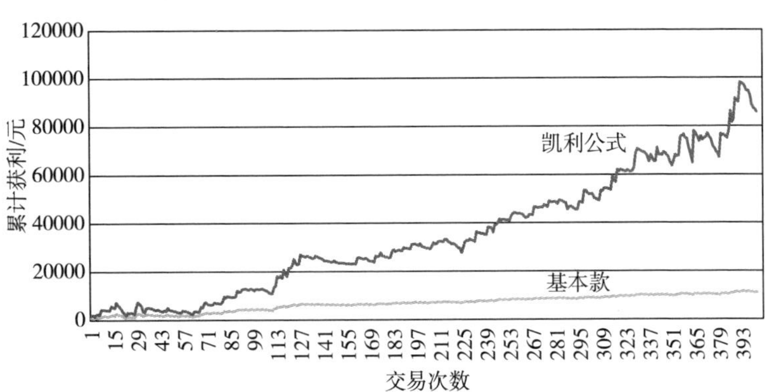

图3.1　基本款的盈利走势：凯利公式VS无资金管理

固定比率法

固定比率法由雷恩·琼斯（Ryan Jones）提出，在其经典著作“交易博弈（The Trading Game）”中，描述交易员如何根据某个“交易比率”的增减调整交易的数量，即当交易员只有在赚取“交易比率”的增量后才能增加交易单位，如果亏损，则恢复到先前的交易单位。公式如下：

固定比率增量资金=预计单笔最大损失+初始保证金

交易数量=当前资金/固定比率增量资金

【举例】

我们仍采用基本款作为探讨的对象。基本款的单笔最大损失为601元，假设卖出虚值一档期权所需保证金为4000元，则：

固定比率增量资金=601+4000=4601元

起始交易数量=10000/4601=2.17张

故使用固定比率法每获利4601元，交易增加一张。402次的交易，通过叠加资金管理，累计盈利由11001元变成了53640元。如果一张期权合约保证金是3000元，资产累积效果应比凯利公式更优。

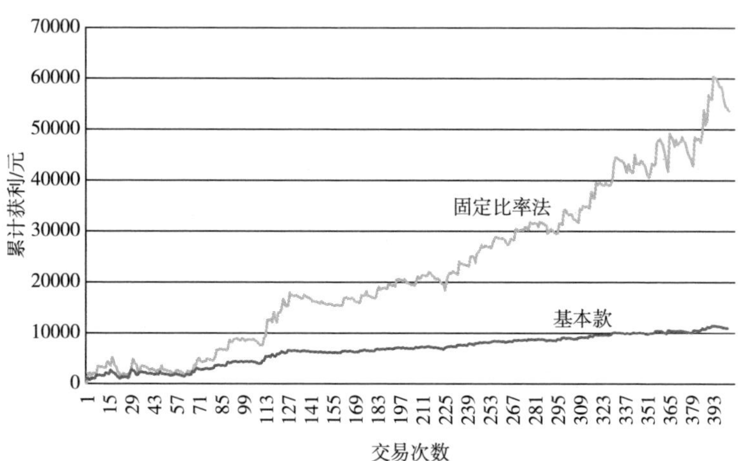

图3.2　基本款的盈利走势：固定比率法VS无资金管理

固定资金法

固定资金法以可容忍的单笔最大损失作为风险管理的标准。公式如下：

固定资金=单笔最大损失/可容忍的损失比例

交易数量=当前资金/固定资金

这种方式的主观成份较大，若某投资者的可容忍的投入资金损失比例较大，在持续盈利的前提下交易数量的增加会非常快，若亏损容忍程度较小，相同条件下交易数量的增加会非常慢。

【举例】

继续以基本款为例，单笔最大损失为601元。若交易员A可以承受20%的亏损，而交易员B则认为高于5%的损失已经无法接受，比较两个交易员：

交易员A：固定资金=601/0.2=3005元

交易员B：固定资金=601/0.05=12020元

即A每赚3005元交易增加1张期权合约，而B是每赚12020元才会增加。如果未来能够稳定获利，A的资产增值情况肯定会比B好很多，但如果未来收益情况不稳定，B优于A。

如果采用A的交易模式，402次的交易，累计盈利由11001元变成了145209元。这种方式看似是最赚钱，但不要忘了前提条件是交易者可以容忍单笔损失的20%。真实情况下，净值在2018年6月快速回调超2万元，投资者是否真的能接受这种回调速度呢？如果采用B模式，目前为止仍是交易1张，和无资金管理一模一样。

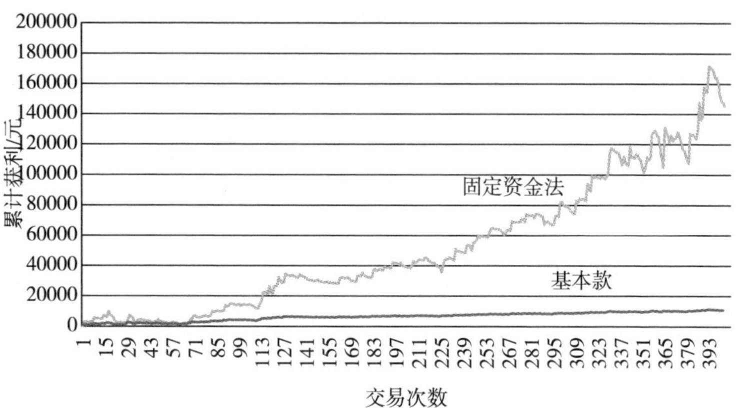

图3.3　基本款的盈利走势：固定资金法VS无资金管理

一点总结

真正赚大钱的方式，并非利用期权的高杠杆一夜致富，而是利用赚到的钱，在风险可控的前提下，逐步增加交易资金来累积资产。三种资金管理方式各有不同，获利累积较快的，净值必然面临较为剧烈的波动，这是无法避免的。

使用资金管理方式的前提是必须要有一个稳定的获利方式，市面上也流传不少交易资金管理理念，例如第一次或连续两次交易亏损则第三次交易资金翻倍，或者本次交易获利下次交易仓位减半等等，这些都太过于随机或路径依赖，并不是良好的资金管理方式。

一个好的资金管理方式应当具备：

①交易不顺利时，能适时减少交易资金，避免破产风险；

②交易顺利时，能适时扩大交易资金，快速累积资产；

③交易增速不会过快，不会在交易亏损时损失之前的盈利，更不会涉及本金；

④增加交易资金的方式和原理合乎风控逻辑。

掌握这些原则，就可以根据交易策略选择合适的资金管理方式，在风险可控的情况下，加快资产累积速度。

4. 你交易的不是市场，而是……

交易很简单，但也希望您能感受到其中的乐趣。

交易是什么？不是猜对行情，而是用你自己的逻辑，在随机的市场中赚到你所想到的利润。

所以交易的不是市场，而是交易你自己的想法，你的逻辑。

请仔细的品味这句话。

举个例子，每个月月底做“ETF定存”，你的想法是什么？为什么不会亏钱？

简单的逻辑推论一下：

如果做ETF定存，我的平均成本是每个月的收盘价平均价，若我做了10个月，则我的成本是过去10个月的月底价格的均数，只要10个月后的未来某一时间的价格高于过去10个月的均价，则我一定是获利的。如果价格是上上下下的随机变动，它总会有某个时间比我的平均成本高，所以一定会获利。

我们可以据此推断一些细节，未来10个月，我应该喜欢什么走势？我应该讨厌什么走势？

若是行情连续下跌10个月，我累积的权益数应该会最大（若是定额买入，低价买的多），然后再突然大涨，这是最好的结果。

如果行情连续涨了10个月，我每个月去“ETF定存”都赚钱，但最后连续下跌，这应该是最不乐见的，虽然再做下去，它总会上涨，但是10个月后我会开始不快乐，开始怀疑做这件事的原因。但若“定存ETF”时间拉长到100个月，你那1个月买入的最高价，不过占了1%的成份，一点也不重要。

如果行情持续涨涨跌跌，我的成本就在均价附近，只要某个月上涨，我就一定赚钱，但赚的钱可能有限。

这明明是一件长期的事，何苦要太在意每日损益呢？

何况我国股市牛短熊长的特性明显，长期来看对权益数的累积是非常有优势的，只怕你牛市太早出场赚得少而已。

当然你可以再多想一些：我可以把上证50ETF走势用移动平均数分成“权益快速累积区”及“权益等待出场区”（见图4.1），在权益快速累积区加大定存ETF力度，甚至在风险控制的情况下使用期权的杠杠来增快定存ETF力度，这些都可以去计划而且实现。

上面例子是在交易ETF的行情吗？其实我们一直在交易这些逻辑想法，与行情无关，获利已经交给了市场了。

时间拉长的结果是你一定可以赚到钱的，重点在你的心理素质跟不跟得上你的思维逻辑的理性。

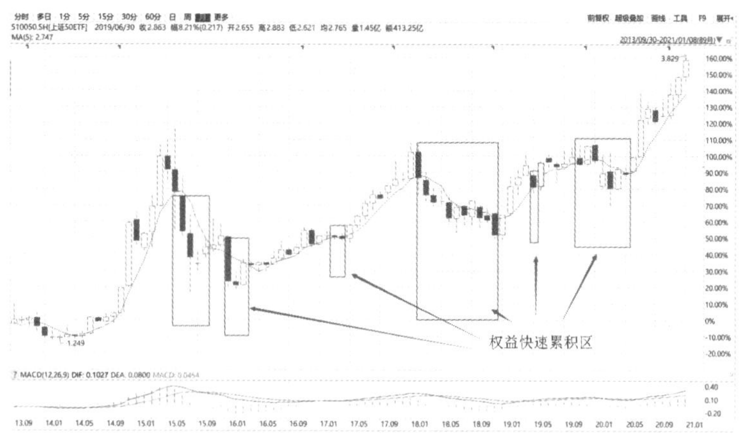

图4.1　上证50ETF月K线图

再举一个期权的例子：

在2021年元月7日尾盘半小时IV拉升3个Vol以上，来到26%（见图4.2），我们在盘后分析发现，上证50ETF期权虚值行权价4.1元的Vega值已上升至65元，这确实有交易的价值，且第二天会有新的行权价4.2出来。

我们想象：如果这是市场情绪一时的激情，短线IV随时有回归的可能性，我们是否可以建立一个相对风险较低的卖出Vega的仓位？

卖出行权价4.2认购3张/买入行权价4.1认购2张，再估算一下IV回到24%的可能获利。

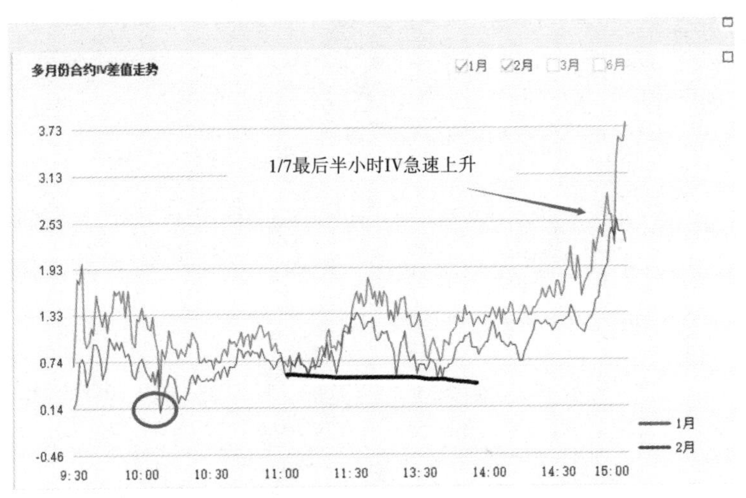

图4.2　2021年1月7日IV与前一日比较变化图

接下来思考一下，这个仓位中我们喜欢的走势是什么？最不喜的走势是什么？为什么安全？

我们最喜欢的是第二天（1月8日）IV开高，让我们建立仓位，然后行情稍微稳定，IV掉了2个Vol（或更多），让我们获利了结，赚个1%~1.5%。（见图4.3）

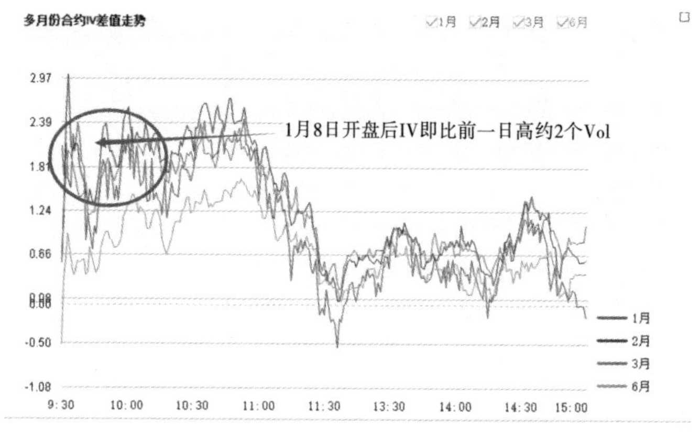

图4.3　2021年1月8日IV与前一日收盘价比较变化图

我们最不喜欢的是，行情在我们进场后仍然大涨超过2%以上，IV再度向上拉升，这时我们可能能要面临短期的损失，若行情一日内大涨8%以上，在IV不变的情况下，损失可能会有使用资金的4%，所以我们可能仍要控制头寸的风险。

但仓位的安全性在于，开盘后我们才建立仓位，极端大涨8%的大风险发生的概率不高且具有连续性，有机会对冲风险，加上指数到期前（13个交易日）上涨16%以上才会有到期损失。若行情大跌我们完全不怕，大概率的情况会稳稳获利。（见图4.4）

所以我们觉得可以做这个交易。

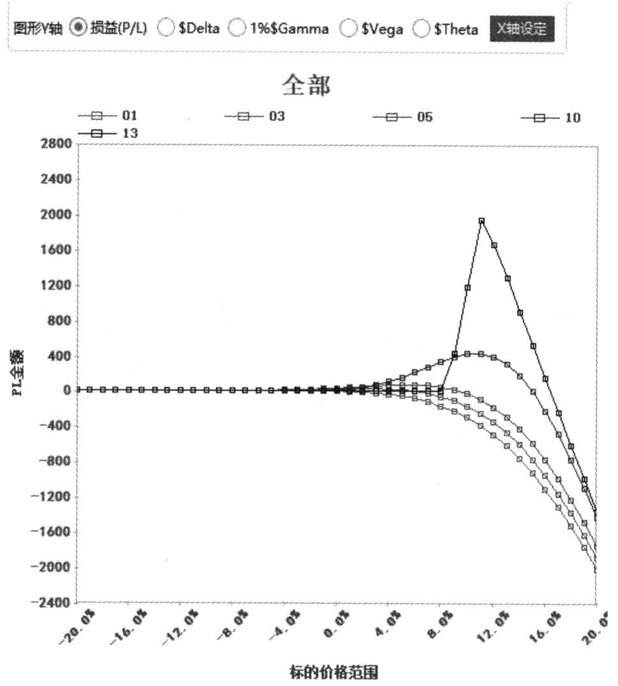

图4.4　2021年建立卖出上证50ETF4.2行权价认购3张/买入4.1行权价认购2张损益图

虽然推理过程需要对期权的波动率变化有一定的了解，但经过我多次的说明，大家应该也知道波动率交易是有一些套路的，只要多经历过几次，或者参考我的过往文章，遇到类似的情况都可以思考是否有这种机会。

我们又一次地在未来交易我们的计划或想法。

请留意，这许多都是在每日收盘后、复盘时所计划的做法，绝少是因为盘中脑袋一热的行为。

最后

上面两个例子，一个是长期的交易计划，一个是短线对次日的计划。这篇文章并不是要说明这两个交易方法，而是要说明我们整个的思考过程，也说明了我为什么总是说“交易在收盘后才开始”这句话。我们交易的就是我们的想法，我们的计划，而非行情，只要是计划不离谱，获利潜能与风险合理，都是好的计划。

但我们大部分的投资人太相信专家，以为那些“别人”的想法或看法才是好的，故当行情跟想象不一样时，由于不知道这个专家“计划”下步该如何应对，你的信心会很快崩溃，一下陷入无所适从的感觉，从而掉入人性的弱点中，进而发生不可弥补的损失，希望各位别陷入这种迷失中。

我们在交易中必须有自己的交易想法、交易计划，了解并相信它，知道在这一交易计划下当行情发生小概率事件时会有如何不利的情况，如此你就可以应对自如，让一切都在掌控之中。这就是我们交易的简单过程。

5. 交易收盘后一定要做的事

今天来说一下交易中最基础的事，做交易记录。我希望写出交易者心中想要改变的犹豫及懒惰，很多都是自己过去盘中的感觉。

每个交易员都会做自己的交易记录，但是大多数的业余交易者却没有这个习惯，不管你是做股票、期货或期权。做交易记录的人不见得都会成为成功交易者，但却能让你更接近成功。

我们来想象一下： 如果你开了一间小小的咖啡店，每天开门做生意，客户来来往往，日复一日，可你从不记账，不管是卖了多少杯咖啡、进货多少豆子甚至是付房租，你唯一做的只是每天看看账户内有多少钱。这种佛性的经营方式，在竞争激烈的市场中铁定不可能会有好的结果，在极大概率下只能当冤大头，慢慢地把投入的本金全部赔了出去。我们把钱放在账户中做交易也是一样的，虽说有人认为规模不大只是试一下，但这好歹也是一个“事业”，你完全不记账，难道会有好的结果吗？

交易看似非常简单，只要有钱，知道价格就可以买卖，以为这种买卖不同于做生意，但大多数做过交易的人都知道，这真的很简单吗？若是不简单，为什么不让这个“事业”进入正轨呢？因此第一步就是做自己的交易记录。

做交易记录的好处

做交易记录到底有什么好处？只要做好交易记录，首先就会有“自己正在运作着重要的资产”的感觉，把这件事当成一件大事在做，不管你投入了多少钱。唯有你真正开始重视交易这件事，交易才算真正展开了第一步。

除此之外，交易记录也扮演着多种重要的角色。它是沉默但经验丰富的顾问，它也肩负着监督员的作用，时时提醒着交易者们在交易中“做该做的事，按计划进行着交易”。有了交易记录，我们在复盘时也才能开展第一个步骤（参考附录第6篇文章：《如何暴虐式的复盘》）。

交易记录也有助于交易者事先做好思想准备。当我们认真做了交易记录后，盘后看着日K线和交易记录，想象着未来的价格变动，这会如同观看一个实况转播比赛，在盘中交易时是没法有这种奇特感觉的（盘中大多只有不确定感），这种情境会让你在脑中和心中不断累积经验，让交易者在观察K线和交易记录后，作为未来的执行力、实践力的铺垫及强化作用，在不知不觉的交易中，感到“这时我应该这样做”“为什么进场价位与想做到的价位有差别”，如此便可进步。

当然，我们做交易记录的另一个目的是仓位操作及资金管理。我们的胜率是多少？我们的赚赔比是多少？赚了钱，我们下次要增加多少仓位？亏了钱，下次应该要减少多少仓位？一切的管理，都源自于我们的交易记录。

个人投资者的优势

我们绝大多数都是个人投资者。

与机构交易员相比，个人投资者有什么优势呢？个人投资者最大的武器是“自由”。

常听到个人投资者在一个波段上赚了几百倍，也听说个人投资者在一波下跌中亏到倾家荡产，但却鲜少听到机构交易者有这些状况。

“自由”可以让我们的风险与报酬放大，让我们在交易时有更大空间，甚至有更多超过想象力极限的风报比，没有人要求你随时要有仓位，可以有更长的空仓时间去等待更好的机会。可惜对大多数人来说，并不会运用这项特权，交易的自由反而让我们一般人迎向了更多的风险。因为个人投资的责任完全由自己负责，亏损不会有人同情你，赚了钱也不会有人拿走，一切都由自己的意志进行。

因为自由，所以不够自律

如果心中想着“因为是业余的，所以算了吧”，自己就会成为市场中的冤大头，使重要的资金不断减少。因此，交易记录常常不够确实，这反而无法让个人交易者向前跨一步，交易结果一直都在随机中变化。

如果当天，一开盘就有20%以上的偏度（skew），你怎知现在要进场？在短短的时间内，你是如何决定的？为了要保持随时可进出场的爆发力，事前的计划绝对重要，绝大多数计划都来自你对先前交易记录的反思，仓位的计划管理。

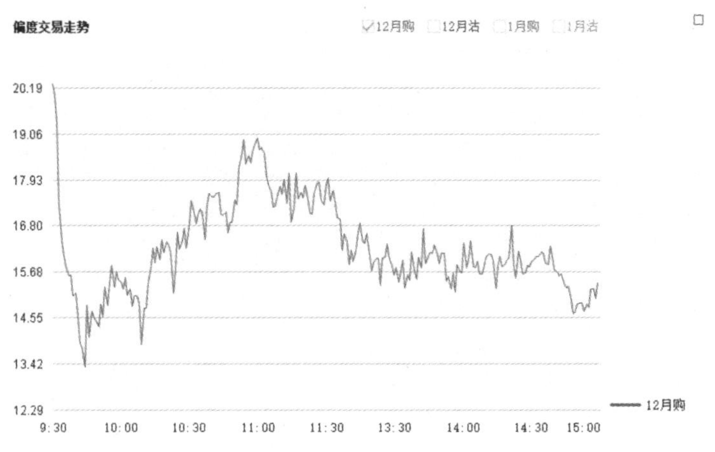

图5.1　2020年11月26日偏度日内走势图

当你成为实际赚钱的人或专业的交易者后会发现，自己从来没有内心强大，只不过遵守“重新建立仓位后，一定在某个位置出场”。就只是一直保持着理所当然地做这件事而已。交易是为了赚钱而建立仓位的行为，而这个东西具象化的表现就是交易记录，让你遵守自己订下的规则的依据。

我们的心理是如此的脆弱，不管是进场或是出场都是如此。看着盘中的走势，“这上涨趋势结束了吗？”“也许会变成上涨趋势？”“差不多要变成上涨趋势吧？”……这样盘中不断的猜测及犹豫就是现实的交易。你每日记录下来的反思，可以改变这些，让之后的盘中变成确定的执行。

千万记住，一旦对自己仓位的意识稍有不足，就会舍弃了个人投资者最大的武器，这些行为包括：“可以休息了！”“就这一次就好！”……你会拖拖拉拉地持有着仓位，要出场时变得优柔寡断，这是人类共同的倾向，这一想法会对你交易的本质产生巨大改变，所以一定要让自己从根本上改变才行。

交易记录如何做?

交易记录很简单，每个人都不一样，按要个人的需求建立即可。但绝大多数应该包括：

进场日期，出场日期（记录交易执行的日期，如有需要可加时间）。

进场价位（或平均成本），出场价位（未来思考，进出场价格执行得如何？为什么呢？）。

进场单位数（是否按照资金管理计划，是否有资金计划？），出场单位数（是否按资金计划？）。

损益数，累计损益数（是否亏损？交易成本占了获利多少？为什么亏？为什么赚？）。

若为策略型仓位，应以一组一组为单位记录。方便作为每日检讨。

并加上策略应该监控的希腊字母，如Delta、Gamma、Vega及Theta等风控数字（是否超过风险控制值？风险是否太大？我希望是怎么样的走势？什么情况对我的仓位不利？不利时该如何去做？）。

另外，损益次数及获利损失比率等数字，应该在出场后，每日累计统计下去，每月累计汇总。

很多可以思考的部分，就等你慢慢记录后去体会。

6. 如何暴虐式复盘?

避免同样的错误

我常常说，交易是一场心理素质的比赛，只有心理素质最好的人，才能在这场博弈中脱颖而出。数十年来到现在，这个市场的本质一直没有改变。

我们常常懊悔当时为什么没有那么做，下一次为什么又重复犯了同样的错误？你期待下一次别再犯错，就像是重复播放一个永无止境的噩梦，总是无法清醒，更令人无法接受的是，自己明知是场噩梦，无论任何人也叫不醒。

有人问，为什么人们不愿意止损？其实很实际的是，当股票下跌时，把它卖掉而损失，真的会让人觉得这是件愚蠢的事，而当你卖掉之后，股票又涨起来，这会让你觉得自己加倍愚蠢，为了避免这种愚蠢，所以多数人认为什么都不做是最聪明的事。

在我过去的交易生涯中，许多人以为只要更加地了解交易技术，就可以获利，所以他会不断地去上课，不断地去找市场上经验最丰富的人和市场上曾经赚最多钱的人，希望藉此找到获利的圣杯。但随着时间的过去，一切又回到原点，所有的问题又回到交易本身，所有的问题都回到自己本身，原来获利都是市场给的，自己唯一可以控制的，只有进场与出场。对于市场走势如何，永远都是简单的原则与技巧，只有自己想赚到钱才能赚到，其他的都是构建在此之上的空中楼阁。

传统复盘

要做到这件事很简单，就是复盘。

但大多数人对于复盘这件事说得很复杂，从资料的收集，对当日行情的回顾一直到预测结果。我在网络上查到期货交易复盘的方法，步骤大致为：

①将所有主力合约浏览一遍，并分析其短、中、长的

趋势。

②找出最强趋势的，并分析是否有适合自己的机会。

③有机会时，该怎么做交易？是日内交易或趋势交易？多大仓位？入场价位？持仓多久时间？目标价位为何？错了怎么执行？

④是否在历史走势中出现过？

⑤在最近的行情中是否有遗漏的机会？为什么遗漏？

⑥自己持仓的品种是否正常？是否可加仓？何时加仓？

复盘的内容及顺序讲得非常的清楚， 但以上的内容是我删减并整理过后的结果，否则内容的细节还要更多，多到让初学者完全不知所措，完全不知道复盘到底要怎么做才好。

你是否讶异，盘后要做的事反而更多？完全没错，这也是我过去二十年每天常挂在口中的，告诉交易员们，“交易是收盘后才开始的事”。

到底复盘要怎么做才更有效果呢？从定义来看，复盘，围棋术语，也称 “复局”，指对局完毕后，复演该盘棋的记录，以检查对局中招法的优劣与得失关键。一般用以自学，或请高手给予指导分析。下围棋的高手都有复盘的习惯。复盘就是每次博弈结束以后，双方棋手把刚才的对局再重复一遍，这样可以有效地加深对这盘对弈的印象，也可以找出双方攻守的漏洞，是提高自己水平的好方法。

我们的“暴虐式复盘”做法

这种做法更简洁、更直接，只针对当天的行情再重复一遍，讨论当天的进出场是否有失误。一方面可以加深印象，另一方面更直接地检视自己是否有按照纪律去执行进出场，以达到即知即行的效果，最后才对第二天做预测分析。

我在此一步一步地将应该要做的步骤写给大家看一下，虽然有人的复盘过程不太一样，但是目的都是相同的：通过长期的总结，提炼出看盘的能力，纠正一些错误的行为，避免再犯相同的错误，最后提升交易的能力，在市场上稳定地获利。

第一步，做历史交易记录。

一定要把当日的交易做成交易记录，在本子上或

EXCEL上老老实实地一笔一笔记录起来。而记录的内容应该要包括①进场时间②进场价格③出场价格④损益情况⑤平均损失⑥平均获利⑦胜率，并画出你自己的净值走势图。

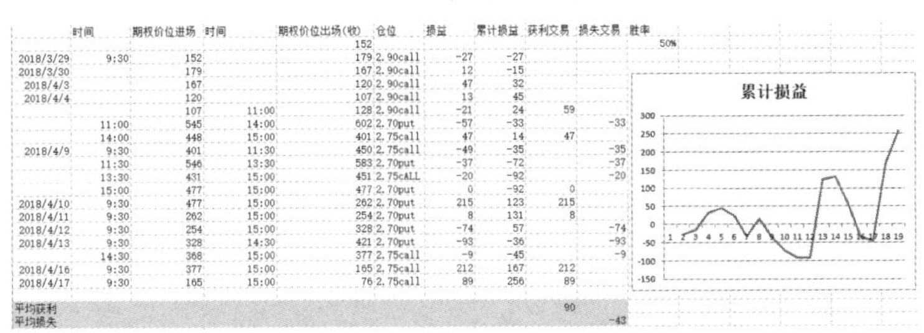

	时间	期权价位进场	时间	期权价位出场(收)	仓位	损益	累计损益	获利交易	损失交易	胜率
				152						50%
2018/3/29	9:30	152		179	2.90call	-27	-27			
2018/3/30		179		167	2.90call	12	-15			
2018/4/3		167		120	2.90call	47	32			
2018/4/4		120		107	2.90call	13	45			
		107	11:00	128	2.90call	-21	24	59		
	11:00	545	14:00	602	2.70put	-57	-33		-33	
	14:00	448	15:00	401	2.75call	47	14	47		
2018/4/9	9:30	401	11:30	450	2.75call	-49	-35		-35	
	11:30	546	13:30	583	2.70put	-37	-72		-37	
	13:30	431	15:00	451	2.75cALL	-20	-92		-20	
	15:00	477	15:00	477	2.70put	0	-92	0		
2018/4/10	9:30	477	15:00	262	2.70put	215	123	215		
2018/4/11	9:30	262	15:00	254	2.70put	8	131	8		
2018/4/12	9:30	254	15:00	328	2.70put	-74	57		-74	
2018/4/13	9:30	328	14:30	421	2.70put	-93	-36		-93	
	14:30	368	15:00	377	2.75call	-9	-45		-9	
2018/4/16	9:30	377	15:00	165	2.75call	212	167	212		
2018/4/17	9:30	165	15:00	76	2.75call	89	256	89		
平均获利								90		
平均损失									-43	

图6.1　历史交易记录示意图

当然，我这张图只是示意你每日交易的记录情况，并非一定要按照这样的格式来记录。你可以仔细想一下，做记录是为了什么？就是记录自己一路走来的交易历程，反省自己在交易过程中的痛苦及成长，并且了解到自己有没有一再地犯相同的错误，每一笔交易都会留下一个记录，让自己成长并且进步。所以你也可以设计适合自己的格式。

当然也可能你是一位对冲的交易者，可能通过盘中的对冲来调整Delta，但这也需要每日做记录。以下是先前我们产品的交易员的每日记录。（如图6.2）

2018/4/3		昨日持仓			
到期月份	delta	gamma	vega	theta	持仓损益
201804	6752509.0	-534585.0	-11232.5	13818.3	-3989.0
201805	-14090976.0	1731928.0	57680.3	-22916.3	-8605.0
201806	7806422.0	-651912.0	-38629.2	8887.2	44144.2
201809	-652008.0	49929.0	5313.2	-458.1	274.0
sum	-184053.0	595360.0	13131.8	-668.9	31824.2

2018/4/3		日内交易			
到期月份	delta	gamma	vega	theta	日内损益
201804	-1482783.0	-467430.0	-5516.7	3703.5	-1743.0
201805	2191827.0	-259365.0	-9843.6	4435.1	3806.0
201806	-1535485.0	230452.0	12678.8	-2707.9	-8517.6
201809	1044026.0	-58714.0	-6900.0	683.1	4998.0
sum	217585.0	-555057.0	-9581.5	6113.8	-1456.6

2018/4/3		今日收盘			
到期月份	delta	gamma	vega	theta	总损益
201804	5269726.0	-1002015.0	-16749.2	17521.8	-5732.0
201805	-11899149.0	1472563.0	47836.7	-18481.2	-4799.0
201806	6270937.0	-421460.0	-25950.4	6179.3	35626.7
201809	392018.0	-8785.0	-1586.8	225.0	5272.0
sum	**33532.0**	**40303.0**	**3550.3**	**5444.9**	**30367.7**

图6.2　对冲交易员的每日历史记录

或许对每笔进出在每日记录中没有那么详细地记录下来，但盘后仍会检讨每日的进出场是否符合逻辑。在此图中所要展现的是，交易员在持有仓位的每日的归因分析，因为对冲而获利或损失多少？这些获利或损失来自来哪些因素？个别月份个别贡献了什么获利或损失？这些在盘后都值得好好检讨。

每日的交易记录是你要做的第一步。

第二步，整体思考，从结果回推交易，培养预测未来的逻辑及交易能力。

先再度把今日的走势拿出来分析一遍，解释一遍，自己应该在什么价位进场，为什么应该在这个价位进场。

例如，图6.3中，在A处的阳线会让人想买入，但是如果在这里买入的话，接下来可能要吃大亏了。你可以思考“毕竟MACD指标中的DIF即将向上穿越零轴”，由于结果已知，可以很自然地找原因或逻辑去思考。

图6.3　2019年6月14日上证50ETF1分钟K线走势图

“那在哪一根K线可以买入呢？”我们假设在B这个价位。你可以思考：“因为MACD开始缩脚，并且价位也接近前面低价，只要跌破前面的低价就止损了吧。”

在接下来的上涨过程中，C的价位跌破5均及20均，我们做出“出场”的决策当然没有太大的问题，但仍然可以试着思考：“有没有不卖出的理由呢？”你可能会想到“因为MACD的DIF仍在零轴之上，可以在MACD跌破零轴再出场”的决定。

“可能在D处卖出才是正确的答案吧。”可以在此处想一下。理由可能是MACD的柱状已经翻黑，短线应该会回调吧。

“在E处卖出可能才是最佳的选择。”因为不仅MACD的DIF跌破零轴，而且价位也跌破了5均、20均及60均。

如此不断地去想今天应该要怎么做，就能自然而然地把当日的走势记入脑海中，就能够渐渐地解读未来的走势。

有人认为：“在看得到的状态下分析，根本没有用，没有意义。”但是其实并不然，由于看得到后面的情况，你一定知道做了之后会怎么样，当你一再重复这样的行为，会让你更有信心知道，就算在后面看不到的情况下，只要这样做，应该可以变成“这样的”情况。一直长期下来，就可以在大脑中形成一个正确的回路，之后盘中做决定就不会犹豫。

在做这件事的时候，一定要多思考“在这买入的原因”，脑中就会牢牢记住并形成这样的记忆。当培养起闭起眼睛也能做得到的能力后，在实际交易中，自然能拥有不知道后面的走势，也知道现在应该买入或者应该卖出的能力。在此处，虽然我们使用MACD及均线当例子，但是你使用其他的指标或技术分析的方法，也一样适用，只要能合理地解释并重复。而在此例子中，为了增加交易次数，我使用了1分钟线来解释当日交易的情况，但在实际的情况中，你可以使用你自己喜欢的时间架构及方式或指标。

第三步，比较当日的进出场与你当日盘后思考的差异性。

把刚才你所想象的逻辑的进场价位点记录出来，然后把你今天真正所做的交易标示出来，将两者做一个比较，你就可以知道你当天做的和你想象中想做的差距到底在哪儿了，我今天到底犯了什么毛病，问自己，下次遇到这种情况，我会不会再犯一样的错误？

图6.4及图6.5是我在2019年6月14日交易的进场价位及

出场价位。由于我们是1分钟K来交易，故我们可用1分钟K线来逐一检讨是否有多做的或做了不合逻辑的交易。另外，当日我们做多以卖出认沽为主，当日主要交易均以做多后再出场为主。以下分ABCDE五次交易来分别讨论：

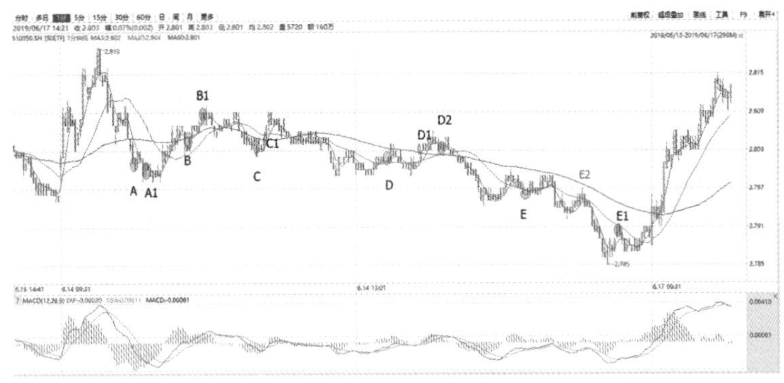

图6.4　2019年6月14日上证50ETF 1分钟K线走势图

今日实际交易的进出场点

成交序号	账号	交易所	商品代码	商品名称	买卖	交易别	成交价	成交量	成交时间	开平仓
9_2-0026143OB19F1406481-0B	1999_2-0026143-SIM	SSE	TC.O.SSE.510050.201906.P.2.75	50ETF201906P2.75	买	GEN	0.0210	5	14:48:18.000	开
9_2-0026143OB19F1405313-1S	1999_2-0026143-SIM	SSE	TC.O.SSE.510050.201906.P.2.75	50ETF201906P2.75	卖	GEN	0.0193	3	14:07:32.000	开
9_2-0026143OB19F1405313-0S	1999_2-0026143-SIM	SSE	TC.O.SSE.510050.201906.P.2.75	50ETF201906P2.75	卖	GEN	0.0192	2	14:07:29.000	开
9_2-0026143OB19F1404512-2B	1999_2-0026143-SIM	SSE	TC.O.SSE.510050.201906.P.2.75	50ETF201906P2.75	买	GEN	0.0174	2	13:36:59.000	平
9_2-0026143OB19F1404512-1B	1999_2-0026143-SIM	SSE	TC.O.SSE.510050.201906.P.2.75	50ETF201906P2.75	买	GEN	0.0174	2	13:36:57.000	平
9_2-0026143OB19F1404512-0B	1999_2-0026143-SIM	SSE	TC.O.SSE.510050.201906.P.2.75	50ETF201906P2.75	买	GEN	0.0174	1	13:36:57.000	平
9_2-0026143OB19F1404365-1B	1999_2-0026143-SIM	SSE	TC.O.SSE.510050.201906.P.2.75	50ETF201906P2.75	买	GEN	0.0175	1	13:27:35.000	平
9_2-0026143OB19F1404365-0B	1999_2-0026143-SIM	SSE	TC.O.SSE.510050.201906.P.2.75	50ETF201906P2.75	买	GEN	0.0175	4	13:27:34.000	平
9_2-0026143OB19F1404256-0S	1999_2-0026143-SIM	SSE	TC.O.SSE.510050.201906.P.2.75	50ETF201906P2.75	卖	GEN	0.0179	5	13:15:22.000	开
9_2-0026143OB19F1404254-0S	1999_2-0026143-SIM	SSE	TC.O.SSE.510050.201906.P.2.75	50ETF201906P2.75	卖	GEN	0.0179	5	13:15:21.000	开
9_2-0026143OB19F1403191-1B	1999_2-0026143-SIM	SSE	TC.O.SSE.510050.201906.P.2.75	50ETF201906P2.75	买	GEN	0.0171	1	10:54:10.000	平
9_2-0026143OB19F1403191-0B	1999_2-0026143-SIM	SSE	TC.O.SSE.510050.201906.P.2.75	50ETF201906P2.75	买	GEN	0.0171	4	10:53:53.000	平
9_2-0026143OB19F1403189-0S	1999_2-0026143-SIM	SSE	TC.O.SSE.510050.201906.P.2.75	50ETF201906P2.75	卖	GEN	0.0179	5	10:51:29.000	开
9_2-0026143OB19F1402569-0B	1999_2-0026143-SIM	SSE	TC.O.SSE.510050.201906.P.2.75	50ETF201906P2.75	买	GEN	0.0167	5	10:30:38.000	平
9_2-0026143OB19F1402556-0S	1999_2-0026143-SIM	SSE	TC.O.SSE.510050.201906.P.2.75	50ETF201906P2.75	卖	GEN	0.0179	5	10:24:13.000	平
9_2-0026143OB19F1401950-0B	1999_2-0026143-SIM	SSE	TC.O.SSE.510050.201906.P.2.75	50ETF201906P2.75	买	GEN	0.0192	5	10:07:36.000	开
9_2-0026143OB19F1401712-0S	1999_2-0026143-SIM	SSE	TC.O.SSE.510050.201906.P.2.75	50ETF201906P2.75	卖	GEN	0.0191	5	10:01:51.000	开

图6.5　2019年6月14日交易明细

A交易：

10：01时，因行情快速下跌后又跌速变慢，故在A点买入，希望抢一个小反弹而进场，是一个明显的错误，这也是我们一般所谓的“手痒单”。

10：07时，行情再度破底时，即A1处立即止损出场。

这交易明显与交易逻辑不符合，要检讨，不要再犯。

B交易：

10：24时，由于MACD的DIF向上及MACD也是翻红的，故当上证50ETF跌破20均再往上时在B点买入。

10：30时，行情上涨到先前的一个小反弹压力区附近B1处即出场。

事后来看出场到了小波段的高点附近。但在持仓上仍有耐心不足的问题，逻辑上是否应该持有至MACD翻黑处更好，更符合我们的出场逻辑，否则在未来大行情时，只好眼睁睁看着行情一路向北。

C交易：

10：51时，行情跌至上次进场的B点价位附近进场。由于当时技术指标是比较弱的，完全是一个纯粹抢反弹的动作。

10：53时，由于这是一个短线不确定性的动作，故有赚钱时，行情一到20均时，即迫不及待地在C1处出场。事后想想，这笔交易也是纯粹的“手痒单”，只为了赚那么一点点钱，要是损失的话，可能要4~5次的这种交易才能赚回一次的损失，最后一定会得不偿失。

虽然赚钱，这也是很明显的一个不合逻辑的交易动作。

D交易：

13：15时，看到MACD的DIF不断向上，加上MACD已经翻红，故做多先2倍的仓位，开始做多。

13：27时，于D处进场时，上证50ETF没有立即上涨将成本拉开，反而先小小回撤一下支撑，故当行情一站上20均时立即出场一半，在D1处先获利了结。

13：36时，行情反弹力道不足，又跌破了5均，故于D2处出场获利了结。

在仓位管理及出场的方式上，都太过于随性，也不合逻辑，未来要避免。

E交易：

14：04时，当行情来到今日最低点后小反弹，MACD的DIF向上，虽未突破零轴，但MACD已经翻红一阵子，看起来反弹有望，故于E处进场做多。

14：48时，因为收盘了，趁有个小反弹时出场。理论上，进场后10分钟后快速跌破5均后应立即出场，至少在E2之前出场，但由于当日是获利的，故在心态上想用当日赚到的小小获利来熬到此次交易不亏，但随着行情再次探底，在时间的压力下只好不得不找个机会出场。

最后的这一笔交易，在进场心态上，也充满了抢反弹的想法，应该要避免。在出场上，明明也知道了，该出场了，但因为不甘心加上当日已有小获利而未出场，使出场价位反而更差，这也要避免。

在整个思考逻辑或交易进出场很不一致的时候，你可以明显地发现自己的问题在哪儿，每天都做一个调整，让自己的交易更加的进步。

第四步，以软件重现一根一根的K线右移，再重新决定买卖价位。

把当日的K线再重新找出来，然后再一根一根K线依次找出来看。现在是在完全看不到后面走势的情况下，再自己决定买卖的进出场点，如下图6.6，到了相同的价位时，是不是可以发现买入或不买入的原因，在脑海中再加深一次印象。

在全盘可以“作弊”的情况下，看能否以更好的进出场，完成当日的交易，并发现在过程中是否有逻辑根本是错的，根本无法以这么好的点位进出，然后再修正。

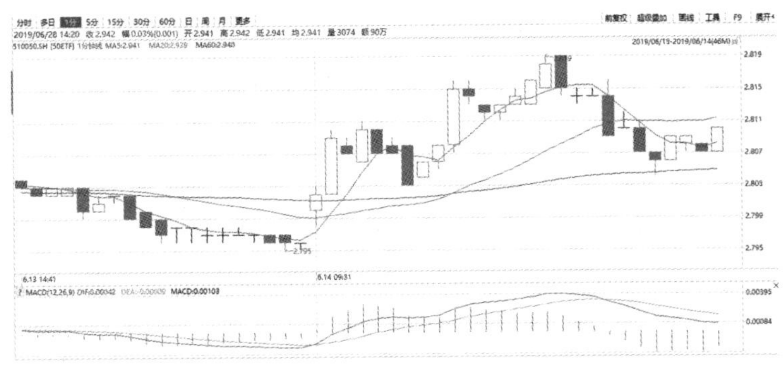

图6.6　2019年6月14日盘中1分钟K走势图

第五步，决定明天的策略。

如果有持仓，那么第二天跳空大涨或大跌，第二天的损失或获利会是如何呢？这也是我们要考虑的，除此之外，若走势对仓位有利时，仓位要如何调整？走势对仓位不利时，要如何调整？这许多情况，都应该在前一天都准备好。图6.7是以前交易团队一位美女交易员的交易计划的部分截图，供大家参考。

明日计划：
若上涨：卖中间的put，买左边的put
若下跌：买左边的put
可适量卖9月右边的call

上方压力点位：2.716， 2.725，2.753
下方支撑点位：2.700，2.692，2.683，2.676，2.651

若横盘调整，delta 控制在正负50万以内。若慢涨或者慢跌，控制在正负50-100万之间，若快涨或者快跌，控制在正负100-250万之间。当涨跌趋势停下来时，将delta控制在正负50万之内，以防转向，若不转向，可重新将delta放开。

若开盘后真实行情对持仓有利，可放缓动作，不要过度交易
若开盘后真实行情对持仓不利，需加速调整，减少损失

没有突破关键K棒的时候，动作缓慢跟上为主，且可以看看波动率的结构等考虑布局问题
若行情变化速度快，突破关键K棒，动作需要加快。

反思思考：
1、买中间的put + 卖左边的put VS 卖中间的put + 买左边的put
当行情下跌时，后者会长出正gamma，对大跌有一定的保险作用。

图6.7 2018年4月9日交易计划

如果是当冲的仓位，我们可能要把明天可能的区间做个预估，决定第二天是只做多方或是只做空方交易。故在本文的例子中，2019年6月14日只做多方的交易。当然你也可以设定交易范围，例如，除非行情开盘就大涨多少后，只做空方的交易，或者在什么情况下只做多方的交易，然后第二天按照计划去做，以减少一些盘中犹豫不决或是错误的奇怪决定。毕竟，只要不输就有机会赚，按照计划通常是最好的决定。

小结

最后，这不是一个轻松的过程，做完这些工作，少则

一个小时。很多人坚持不了太长日子来做这些事，只要练习一下子就自以为是，觉得自己“已经搞懂了”。但做好这些工作之后，虽然仍会遇到某些情况预测不准，但大概率的情况下是可以持续稳定获利的。在市场上唯一能够帮你生存的要诀，就是“练习、练习、再练习”，“训练、训练、再训练”。当在交易时发生了对自己说了几千遍的逻辑，脑中的反应已经形成后，看到行情开始，你会自然而然地露出会心的微笑。

7. 养成良好的交易习惯

波动交易方法的文章我们写了许多，也让许多人晕头转向。其实交易就是交易，没有什么差别，主要就是将仓位放入市场中，等到变成获利时就出场，结果不如人意时也止损出场，只是这过程涉及不少的决策及心理的因素，使得同一个方法，不同人做会有不同的结果。

这一篇我们先来说如何养成良好的交易习惯吧。

我曾经和许多朋友聊到，**大多数人都知道要止损这件事，但是却不能每次都做到。**但凡有一次没做到却又遇到持续很久的单边走势，交易者整个人心态都会崩掉，怼天怼地且每天都活在压力之中，心中想平仓出场却又舍不得，因为担心平到最高点；可是没有平掉，每过一天又陷入了深深的悔恨中，直到亏损到受不了而平仓出场。事后来看，那时平仓的大多数才是真正的最高点，和主力出场心理上的一致性多么类似啊！

不少交易者都不时地陷入这种死循环。可能当时只是小小的不起眼的犹豫，或是止损金额稍微大了一点而等了一会儿，虽非本意但确实是没有执行，这种情况我以前也发生过好几回。

虽说强扭的瓜不甜，强迫的关系也不会快乐，拼命的事情和勉强的行动也不能维持长久，这更加说明要维持纪律是一件多么不容易的事，没有打从心底相信这件事是当然的，是无法做得很好的，所以大家也常说交易是违背人性的。

但我们观察顶尖交易员，他们一直抱着进场仓位一定会设定在某个价位出场的习惯，没有什么额外的想法，一直抱着“理所当然”的感觉，而这种理所当然的感觉也是我们要练习的。

以最小单位开始练习

既然是练习，就要以最小单位来练习至少3个月到半年的时间。

很多人觉得“我手中至少有个几百万元，每秒钟上上下下几十万，哪有空用这么小的仓位来交易？这实在是太没有感觉了”，所以在练习交易的时候会变得很轻率，以为自己用了更大的资金就会更慎重，使得结果完全不一样。很可惜，此情况就是没有把最小单位的交易当成“理所当然”的进出场，一开始就没有了好习惯，未来就算资金更大也不会有好的结果，因为从根本上就没把这件事当成一件重要的事来做，所以你在心理上根本没有准备好，最后失败也是理所当然。

有人说：“那金额真的太小了，就算赚钱也赚不了多少，亏也亏不了多少，我可以用大一点的金额来试吗？”

“不行！”就是要让你有耐心，用最小单位重新开始。

这有何重要性呢？首先，要认真做，若能在小仓位认真地做，虽说没有那种大的压力，但面对亏损的仓位能进行正常的练习会形成良好的习惯且更有耐心。再者，由于压力较小，也有时间去思考自己过去交易为什么会损失，并能体会从前自己在面对这种情况的单边走势时是如何被市场欺侮，或是如何一直持有仓位的，更由于你也有仓位，一切的感觉也都比空手更好一些。

练习一定要认真。

从前在交易室内，新交易员都从小单位开始（虽然不是最小单位）。

按照计划，杜绝随机进出场

很多人看着盘，心情就会跟着行情而动。由于市场的讯息很多，看着行情上涨，你可能就会不知不觉地想着："会上涨多少呢？""还是先进场了吧！"在市场快速上涨时，许多的讯息都会倾向让你立即进场，当市场快速下跌时，讯息则会倾向让你再等会吧，无论如何，都让我们无法按照计划去做。

我们要杜绝这种行为。

事先计划好，交易中会理所当然地再次进入脑中重现。

在每次建仓时，都要想着下一步是什么，我在什么价位出场，什么价位止损，什么价位重新建仓。所以成功者的交易才会那么理所当然，但都是计划的结果。按照计划，凭着确信心理，决定下一个进场价位或时机，这才是正常的交易过程。

但这样的行为也许会有人觉得不安，“我可能会错失了什么？”

除非你的交易计划太不完善，否则你不会错失什么。若是有错失，也是一次很珍贵的经验，让你更完善你的计划。别想太多，就算你在路上遇到一见钟情的人，也会试着交往，也不可能在见到那天就求婚，无论是什么事，按照计划总是不会错的。

在交易的练习中，我先提出以上两点去改善你的不良行为，若是在过去你在交易上一直不能获利，可以先试一下，若是行为无法改正，反正一下子也绝对赚不了什么大钱，这些参考可以先考虑一下。

8. 基于MACD的策略研究[①]

简介

试图通过经典的MACD 金叉、死叉作为开仓信号研究交易策略。通过历史数据分析了该信号指标的有效性，并以此为基础开发交易策略。

MACD指标的计算方法

MACD的计算方法：首先计算出快速移动平均线（即EMA1）和慢速移动平均线（即EMA2），算出两者（快慢速线）间的离差值（DIF）。然后再求DIF的N周期的平滑移动平均线DEA线。

① 此文作者为“老徐话期权”团队的杨雪。

一般EMA1/EMA2/DIF的参数选择为（12，26，9），具体公式如下：

1. 计算移动平均值（EMA）

EMA（12）=前一日EMA（12）×11/13+今日收盘价×2/13

EMA（26）=前一日EMA（26）×25/27+今日收盘价×2/27

2. 计算离差值（DIF）

DIF=今日EMA（12）-今日EMA（26）

3. 计算DIF的9日EMA

根据DIF计算其9日的EMA，即离差平均值，即DEA或DEM。

今日DEA（MACD）=前一日DEA×8/10+今日DIF×2/10

理论上，在持续的涨势中，12日EMA线在26日EMA线之上，离差值（DIF）大于0；在跌势中，12日EMA在26日EMA之下，离差值（DIF）小于0。DEA是DIF的9日移动平均线。当DIF>DEA，即金叉信号，预示着DIF正在变大，即股价短期均线与长期均线距离扩大，上涨势头变强。当DIF<DEA，即死叉信号，预示着DIF正在变小，即股价短期均线与长期均线距离缩小，上涨势头减

弱。MACD指标有个辅助指标BAR柱状线，其公式为：BAR=2×（DIF−DEA），我们还是可以利用BAR柱状线的收缩来决定买卖时机。

一般来说，MACD金叉信号，即BAR柱状线由黑翻红，预示着买入信号；MACD死叉，即BAR柱状线由红翻黑，预示着卖出信号。下面，我们试图通过这样尽量简单的信号，来研究有效的期权交易策略。

MACD信号的有效性

从2016/5/27～2019/5/28，以50ETF60分钟数据线为数据频率。基于MACD信号的50ETF收益统计如表8.1所示。一共出现了102次金叉，其中48次信号期间（指出现金叉到下一次由金叉变为死叉）50ETF收益率为正，54次收益率为负，平均收益率为0.005。虽然出现金叉信号后上涨的次数略小于下跌的次数，下跌区间大多集中在−1%~0之间，上涨区间多集中于0~1%之间，也有数次达到2%~5%。因此，我们可以在出现金叉信号时构建一个多头策略，利用期权的杠杆效应赚取标的上涨的收益。

同时，考虑到大部分时间下，上涨有限。因此可以考虑牛式价差这一交易策略。

而在数据期间内，一共出现了101次死叉，其中61次信号期间（指出现死叉到下一次由死叉变为金叉）50ETF收益率为正，40次收益率为负，平均收益率为-0.002。出现死叉信号后持有到信号反转，反而有60.4%的情况下，标的价格上涨。但可以观察到，上涨区间集中在0~2%，同时，容易出现收益率大幅下降的情形。再利用死叉信号构建策略时，应该避免纯粹的趋势交易，同时注意尾端风险。因此，可以考虑采用比例式的策略，避免尾端风险，同时在标的小幅上涨时赚取最大收益。

其详细的统计情况，可见下表8.1、表8.2及图8.1。

表8.1　基于MACD信号50ETF收益统计

	多头信号	空头信号
交易总数量	102	101
正收益次数	48	61
负收益次数	54	40
最大值	0.079	0.046
最小值	–0.039	–0.065
平均值	0.005	–0.002
中位数	–0.001	0.004

表8.2　收益区间分布

	多头信号	空头信号
−7%~−6%	0	2
−6%~−5%	0	3
−5%~−4%	0	1
−4%~−3%	1	2
−3%~−2%	5	4
−2%~−1%	6	13
−1%~−0%	42	15
0%~1%	20	38
1%~2%	8	19
2%~3%	9	2
3%~4%	6	1
4%~5%	3	1
5%~6%	0	0
6%~7%	1	0
7%~8%	1	0

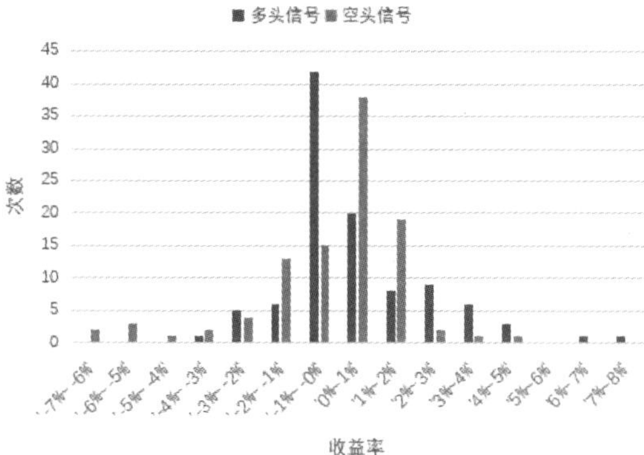

图8.1　收益分布图

策略表现

根据上面的分析，我们提出两个分别基于金叉和死叉的交易策略。同时保证策略的简洁性，均以信号反转作为止损时点。具体如下。

策略一：

根据上面的分析，我们在出现金叉时，即BAR柱状线由黑变红，开仓牛市价差，做一个方向性的策略。当BAR柱状线由红变黑或期权合约到期，平仓出场。具体的操作方式如下图所示：

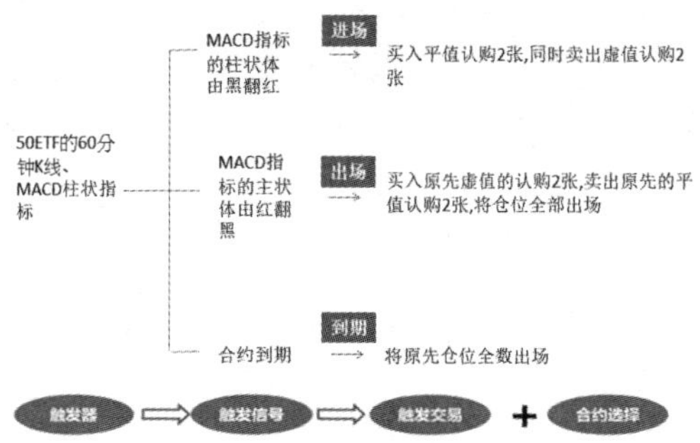

回测表现：

我们将回测区间拉长至2015年2月9日～2019年5月19日，看一下从50ETF期权上市至今策略的表现情况。本金2万，不考虑手续费的情况下，策略的回测结果如下。策略总收益30.83%，年化收益率6.50%。收益曲线较为稳定，回撤较低。在行情上涨时可以抓住上涨趋势，在行情下跌时可以守住收益。

表8.3　回测结果

投资组合	总收益	年化收益	一季收益	夏普比率	最大回撤率
本策略	30.83%	6.50%	30.83%	0.394	0.066
上证50	19.71%	4.31%	19.71%	0.012	0.447

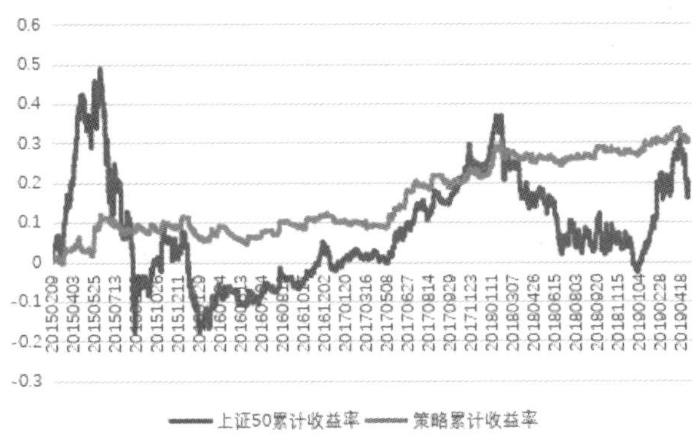

图8.2　收益曲线

交易分析：

具体分析每笔交易的收益情况。测试区间一共发生150笔交易，其中盈利交易61笔，胜率40.7%，平均盈利/平均亏损为2.7，虽然胜率低于50%，但是盈利/亏损比远大于

1，期望上收益为正。从图8.3可以看出，盈利来源于少数次的大笔盈利和多数次的小额亏损。亏损额大部分集中于250以下，不存在极端亏损，偶尔会出现极端盈利的状况。

表8.4　交易分析

	所有交易
交易总数量	150
盈利交易次数	61
亏损交易次数	89
%胜率	40.7
单笔净利润	58.2
平均盈利额	307.2
平均亏损额	–112.4
平均盈利/平均亏损	2.7
单笔最大盈利交易	2364
单笔最大亏损交易	–448

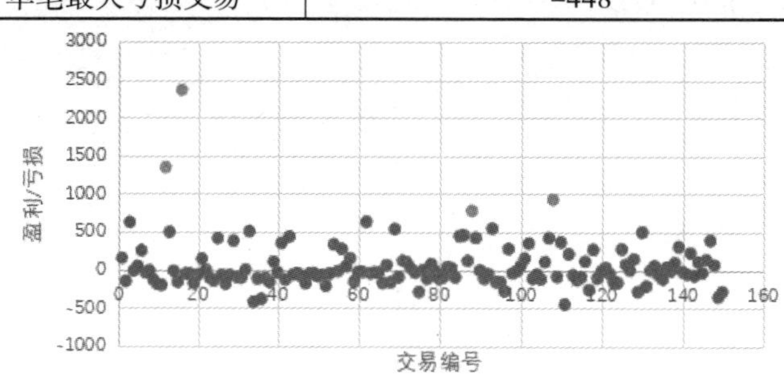

图8.3　每笔交易分配

注：收益超过mean+2*Std为极端盈利交易；收益低于mean–2*Std为极端亏损交易

图8.4显示了每笔交易的最大潜在亏损，其中三角形点为盈利交易，菱形点为亏损交易。例如，A点表示该笔交易最终收益为550，而在仓位持有期间日浮动盈亏最大曾经达到154；B点表示该笔交易最终收益为-162，而在仓位持有期间日浮动盈亏最大达到248。可以看到，对于亏损交易（菱形点），大部分集中在45度线上，即最终亏损就是最大亏损。而对于盈利交易（三角形点），很少发生过大额的潜在亏损。考虑到我们的交易规则是以信号反转作为出场条件，可以考虑增加止损条件，例如亏损到200止损出场。从图中可以看出，增加了该止损条件后不会影响盈利交易，反而会降低很多大额亏损交易。

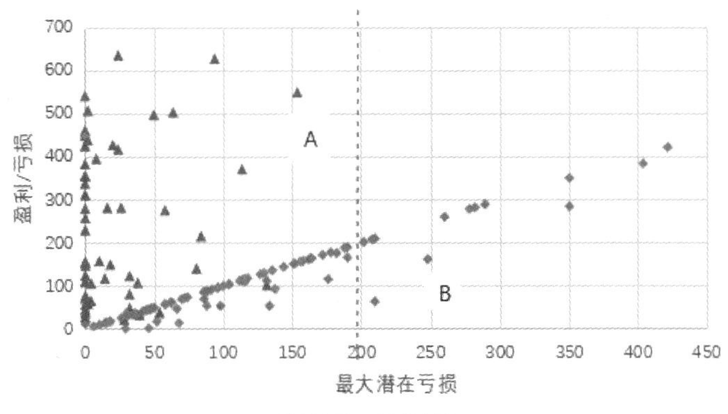

图8.4　最大潜在亏损

图8.5显示了每笔交易的最大潜在盈利，其中三角形点为盈利交易，菱形点为亏损交易。例如A点表示，该笔交易最终收益为498，在仓位持有期间日浮动收益最大曾经达到684；B点表示，该笔交易最终亏损350，而在仓位持有期间的最大可能收益为68。从图中可以看出，对于盈利收益大部分都获得了最大潜在收益的80%的盈利，设置止盈反而会损失掉大部分盈利交易。因此，不需要设定特别的止盈措施。

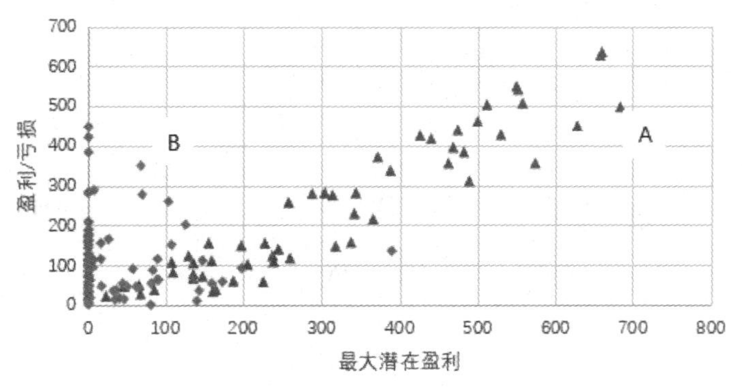

图8.5　最大潜在盈利

策略二：

出现死叉信号时，开仓比例式价差，赚取时间价值和标的小幅上涨的收益。当出现相反信号或合约到期时，平仓出场。具体的操作方式如下图所示：

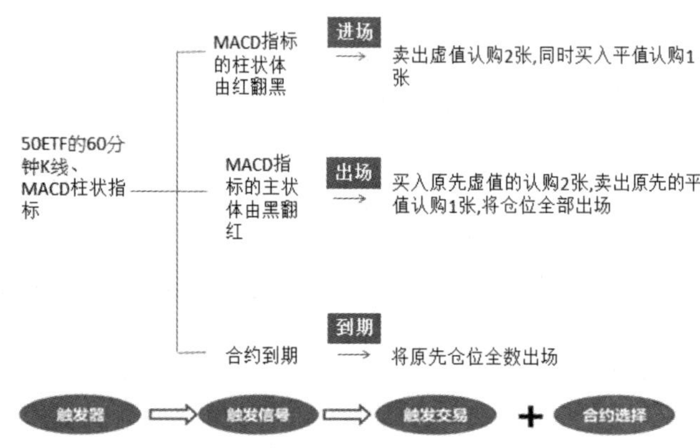

回测表现：

回测区间为2015年2月9日～2019年5月19日，本金2万，不考虑手续费的情况下策略的回测结果如下。总收益12.67%，年化收益2.83%。实际上排除掉2015年的极端行情，年化收益可能更加可观。收益曲线较为稳定，在行情下跌时，也可以获取时间价值损耗的收益。盈利主要来源于多次的小笔盈利交易。

表8.5　回测结果

投资组合	总收益	年化收益	一季收益	夏普比率	最大回撤率
本策略	12.67%	2.83%	12.67%	–0.204	0.118
上证50	19.71%	4.31%	19.71%	0.012	0.447

图8.6 收益曲线

交易分析：

具体分析每笔交易的收益情况。测试区间一共发生148笔交易，其中盈利交易84笔，胜率56.8%，平均盈利/平均亏损为0.91，虽然胜率大于50%，但是盈利/亏损略小于1，期望上收益为正。从图8.7可以看出，盈利来源于多数次的小额盈利和少数次的大额亏损。发生的2笔极端亏损交易可能是由于2015年波动率大幅上升的原因，做卖方亏损。

表8.6　交易分析

	所有交易
交易总数量	148
盈利交易次数	84
亏损交易次数	64
%胜率	56.8%
单笔净利润	10.2
平均盈利额	111.2
平均亏损额	–122.4
平均盈利/平均亏损	0.91
单笔最大盈利交易	834
单笔最大亏损交易	–1027

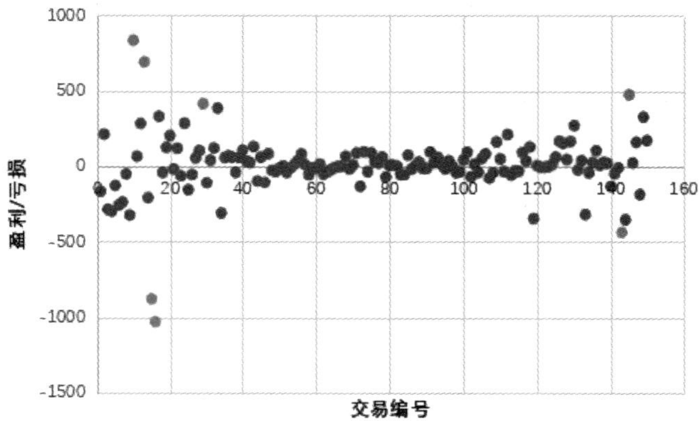

图8.7　每笔交易分配情况

注：收益超过mean+2*Std为极端盈利交易；收益低于mean–2*Std为极端亏损交易

图8.8显示了每笔交易的最大潜在亏损，对于亏损交易（菱形点），大部分集中在45度线上，即最终亏损就是最大亏损。而对于盈利交易（三角形点），很少发生过大额的潜在亏损。可以考虑增加止损条件，例如亏损到150止损出场。从图中可以看出，增加了该止损条件后不会影响盈利交易，反而会降低很多大额亏损交易。

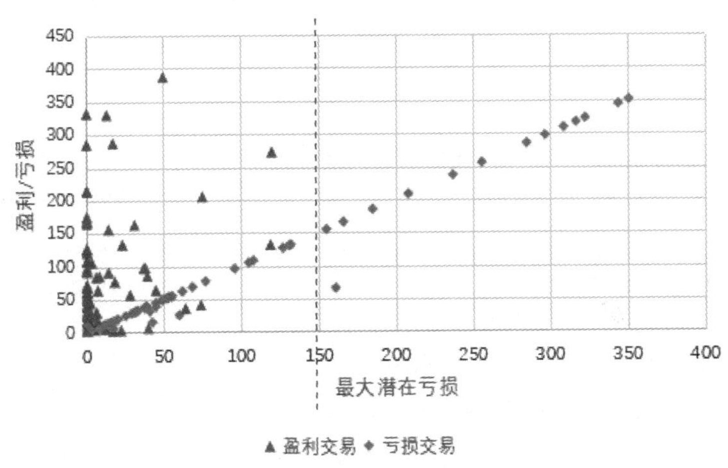

图8.8　最大潜在亏损

图8.9显示了每笔交易的最大潜在盈利，从图中可以看出，只有极少数笔的亏损交易曾经出现过大额盈利，因此不需要特别设定止盈条件。

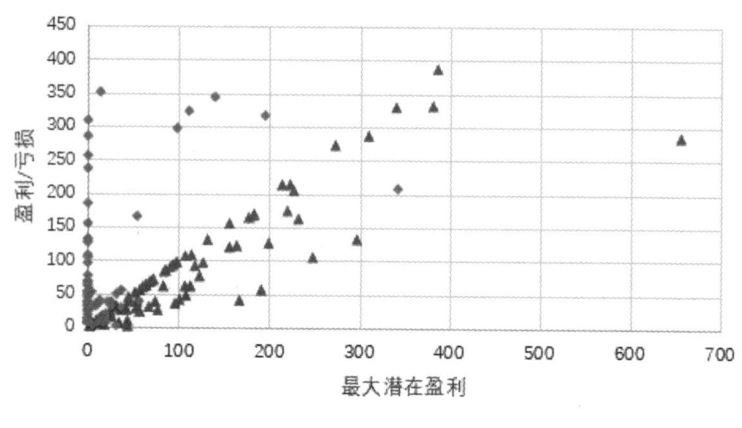

图8.9 最大潜在盈利

小结

①金叉信号相对死叉信号来说，是较为有效的趋势交易指标。

②策略一和策略二的收益都较为稳定，进场和出场信号正好相反，结合使用可以获得不错的预期收益。

③在价格波动不大的行情下，两个策略的相互转换容易，只需将牛式垂差中的1单位“买入平值认购”平仓，

即可以转换成为比例价差策略。

④策略一主要收益来源于少数笔的大额盈利交易；策略二主要收益来源于多数笔的小额盈利交易。

⑤考虑增加特定的止损条件，可以减少大部分大额亏损交易的损失额，而不会影响盈利收益。

9. 写给期权交易者

这篇文章不是写给专业的投资者看，而是写给那些曾参加过我线上直播或现场课的朋友们，也写给自己看，别忘了初心。

这两个多月，我持续写了一些交易策略的文章，可是当我问朋友：“最近的偏度很好做呀！”“最近做卖出策略应该还不错吧？”但是绝大部分的人都没有做，仅仅极少数的人有做。

我问了一下，为什么不做呢？绝大多数人都说：

“因为不太了解，不知道是否可以赚钱。”

“没有注意到有这个机会。”

“不敢做，因为没做过。”

“这个钱赚得太少了，不符合我的个性！”

“我这些策略都试过了，但是做不到呀！”

“止损太难了，我控制不了我自己！”

可是呀，既然花了时间来听，虽然免费，但也花了精力与付出，也想要改变自己的交易习惯或内容，但是结果却没有任何的改变，这是很可惜的。但是如果要稳定地获利，有些习惯可能要改变。在交易上一定要有新信念，没有新的信念，是不会改变自己的习惯的。

今天就说一下改变交易习惯的方法，我把以前在交易室的一些例子及过去观察到的和大家分享一下吧。

好交易者都有明确的目标

在我的经验中，通常能够赚钱的好交易者，都有一个明确且清楚的目标，能够在一定的期间内达到。例如，5年内能够赚到1亿元，或是连续5年都能赚到20%以上的报酬率，且能够尽力地达成。这些目标既看似不容易达成，而且在达到的过程中可能会遭到一些问题或乱流，这就需要一些小目标来帮助引导方向并避免走到另一个反方向。

在达到我们一个数年的大目标时，数个小目标会成为一个重要的方向引导，但这个小目标可不能是“王首富”

当年所说的赚一个亿那么大（交易员资金够多的话，数年之后不是问题），我们的小目标可能要更小，更实际，要像一个可以实行的小计划。

例如：连续10次即时止损，不错失任何一次，一个月内的滑价与模型成交价的差别不超过交易成本的5%，连续三个月收盘后能做1小时复盘，并写下交易日志及计划（因为怕草草了事，故有时间条件），每一季参加一场同业的讲座，并认识同业更多优秀同好。

这些都是很容易达成的小目标，当然可以列出一些更有利于你交易的，如资金管控或其他的可实现小目标。千万不要列一些较随机的，例如，每天获利1%的目标，那不可能完全地完成；或是有一些对达成目标看似有利但却不利的，例如每天资金使用达90%以上、每天必须入场交易等。

当你能够连续完成这些事，至少在交易上与绝大多数的交易员在精神力上站在相同的等级了。

好的交易者绝对坚持

我的一个好朋友，是中国台湾衍生品交易史上连续获利（年）最稳定的人了，他是做期权交易卖方交易的，在大陆2018、2019及2020年也可以达到每年25%的报酬率。目前他自己在做一个小私募的产品，资金规模仅1000万元，自己的资金占了50%以上。

我曾问他："你的绩效那么好，为什么不做多一点资金呀？"

他说期权目前他能力最多做到3000万差不多了，1000万游刃有余，自己有一半的资金，每年赚的钱够他爽了。"那些条件一堆又指导我交易的资金，我干什么去接？我又不缺这点钱。"

他对客户的要求有坚持。

我曾问他，你的座右铭是什么？他说："绝对，绝对，绝对坚持！"（重要的说三遍）

如果以为他是对仓位持有或方向看法的坚持就不对了。这些年他一直不放弃自己的交易坚持如下。

仓位的大小，绝对坚持。按波动率的高或低建立仓位，以控制风险，就算赚得很少或没赚都一样。

Delta超过某数值一定对冲。我记得很久以前在交易室时，他为了怕自己没法即时对冲Delta，在公司还请IT写了一个对冲的程序。到大陆时，由于系统完全不同，交易标的也不同，他仍自己花了5万元人民币写了个对冲的小程序，在执行上绝对要坚持中性，就算第二天一跳空，立即对冲会大亏仍会对冲。

这些或许也可称为怪癖，但他这些年来一直坚持这些习惯，没有改变。

他说："这些是我吃饭的东西，就跟吃饭一样重要，你每天能不吃饭吗？"这也许是他能坚持的原因。

所以我们先前也说了一些小目标，这些小目标能否坚持才是重要的，若有目标而没有坚持也没有用。

好的交易者承担责任，不说借口

在期权上持续赚到钱需要承担风险，但是你只要进入市场都会承担风险，只是你在市场中太高估了自己的运气，也太低估了改变习惯的结果，因为害怕承担责任与风险。

只有愿意承担责任，奇迹才有可能出现。绝大多数的优秀交易员都愿意自己承担责任，不怪他人。如果在一些亏损交易中，有以下这些类似想法或借口，可能自己要警惕一下：

“如果2020年过年前不持有卖方的仓位就好了，都是看了×××看多的公众号。”

“如果2020年7月7日一开盘将买的认购出场就好了，都是那天早上老板要我去开会。”

“如果在10月长假前持有卖出跨式的仓位就好了，都是那天正好看到×××的行情分析。”

“如果………都是……”

如果有这样的想法或借口的话，会阻碍了交易的进步，因为那都是别人的错。交易是这世界上为数不多自己必须为自己负责的事情之一，唯有知道自己错在哪儿，才能不再重复犯相同的错，因为在仓位上你才是真正的老板。

在英国的一个《百万美元交易员》的纪录片中，也可以看到赚钱交易员与赔钱交员的区别，就是借口。

接下来若要完成自己的小目标，是你对自己负责的时刻了，不管是连续10次即时的止损，或是连续出现三个月收盘后坐在位置上复盘一个小时，未来不管赚或赔钱，你对此负有完全的责任。

好的交易者会120%地努力练习

我们常常看到有交易者赚了大钱，可能会说，这个人真是好运，但是一个拥有好运的人，通常是准备（练习）好的人，准备得愈充分，则好运愈大，所以这不过是多年充分准备的结果而已。

我在公众号也发过一篇文章叫“1天赚了300万，现在我将他的做法告诉你”，交易员即是通过每天不断地复盘，才会有此功力的。我曾听过，“如果我有时间跟他一样努力，我也能变得跟他一样好，可惜我没空。” 这是一个最常听到的借口。因为人们害怕，如果全力以赴地努力了，没有成功怎么办？但无论如何，你必须将这个借口给摒除掉，不能害怕，如果付出了全部的努力仍不够，就要付出120%并发挥全部的能力才行，这才能自己承担所有的责任，这样才找不到借口，所以你也只能成功，如此而已。

在日内复盘的练习上，我有一个小小的心得：你重复努力做了复盘，在脑中不管是止损或获利了结，在进场后你将可以看到止损或获利了结的画面预先出现，在每一分钟或五分钟，因为这种情境预想你已经重复了数千次或上万次，当行情真的来到时，你可以毫不犹豫地止损或出场，很有效。

在这些努力过后，大多数的交易员可以很好地控制住自己，不做无谓的交易（手痒单），所以更有机会保有资金，在好的时候，能够识别出机会，并果断做出决定，在大行情中买入期权赚到较多的钱并出场，或是在很高的IV时有足够的资金卖出波动率。

好的交易者有一个好教练（导师或伙伴）

在交易上确实需要一个好的教练，交易室有交易室内的规矩，让你在交易之前不犯一些低级错误，虽然不能让你赚到大钱，但可以让你少走许多弯路，避免浪费时间。例如，如果你想学习偏态的交易，如果要自己看书并发现这样的交易方式，或许要花很长的时间，当年我们在交易室也是看书试了好几年才知道要这样交易的。像是有些号称期权大佬但没进过交易室的，20年也不知道偏态交易如何做，只会单纯卖出，又不好意思问别人，后来进了交易室才知道这种交易方法，但时间上差了20年。但是现在许多年轻的交易员，进到交易团队即可知道这个简单做法，所以有一个好的导师或教练，虽然不能保证一定可以赚到钱，但至少可以减少很多学习时间并学到较好的方式。

另外，有好的教练或导师，在交易上也可以施加压力，促使你付出120%的努力，因为人有惰性，一位好的教练可以督促你在交易的过程中做正确的事，如必须止损、必须按照计划来做。

绝大部分的体育运动都要有教练，选手才能发挥出更好的能力。你仔细想一下，是不是几乎所有要输赢的比赛项目，都需要一个像教练、导师或团队这样的角色呢？像交易这种时刻都有那么多赚赔的项目，是不是有这种需要呢？

就连巴菲特也有像查理·芒格这样的好伙伴。

10.交易，千万别急着练功，否则……

当你发现了一个很好的交易方式后，是否像发现一个新大陆？原来这样子可以赚钱，那我要快点加紧学习。每天按照这样的方法去盘前计划，盘中交易，盘后复盘，结果三个月过后，效果似乎没有那么好。是不是我的天资不够？或是方法不对？一堆的疑问开始跑出来，自我怀疑又从内心深处不断升起，又去寻找一个交易的圣杯……

一个故事

相信不少人应该看过这个笑话：

小明有一天找到一本传说中的武林秘籍《葵花宝典》。他想快点练成绝世神功，毕竟《葵花宝典》可是相传大明朝成化年间由皇宫内务府流落江湖的宝物，东方不败藉此练成绝世神功。

小明迫不及待地翻开第一页，页内写着：

“欲练神功，挥刀自宫。”

小明想都不想，立即拿着刀子忍痛挥出……

他忍着痛苦，满心期待着翻开了第二页，想立即开始修炼的过程。第二页内容却写着：

“若不自宫，也可成功。”

小明崩溃地说：“草率了!”

交易上，许多人也如此的草率。

交易属性

每个人可能有不同的交易属性，有的交易方式可能花了大把时间也学不精，而有的交易方式却可能让你如鱼得水，事半功倍。

举个例子：过去在中国台湾非常流行极短线的交易，进场后可能持有仓位1分钟内就会出场，每次获利约5~8个跳动点（ticks）（中国台湾每个跳动点50元，交易成本约15元台币，故一个跳动即可覆盖交易成本），大约是标的资产0.05%~0.1%的行情。而这种交易做下来，你一年赚个100万元，但在一年超过数千次的交易中有赚有赔，其中付出的交易成本可能也要100万元，交易非常累，可能不适合无法每天看盘或年级稍大的人，做得好的都是些年少有为，打游戏的高手。

一般我们会把交易的属性依交易频率分为四种（交易策略的型式以后再讨论），在开始练功前，先好好评估一下，到底你适合那种类型。

（1）日内极短线交易方式（剥头皮交易方式）

即Delta Scalping，听起来像Gamma Scalping，但完全不同，这仅仅是短线的方向判断，交易完全讲求速度，找到机会，打了就跑。所以有人戏称“沿路打劫策略”，交易者就像一个劫匪在路上看是否有机会抢钱，有机会即出手，抢到就跑，没抢到也要跑。你是否看过一个傻子抢匪，抢了路人，觉得抢的太少，再一直等着拿更多。等抢到够多了再跑？你当公安都是塑料做的啊？

这种交易通常使用1分钟或1分钟以下的跳动资料来交易，只要速度一来就找机会去做，成交后就立即挂出场，如此反复交易，但速度不见时，立即出场再等机会。故一日之内有可能交易数十次甚至上百次以上。

此种交易秘诀是，掌握速度发动的关键点，而这个关键点可能是时间，也可能是价格。例如，当行情涨（跌）破某个支撑或压力价，而那个价的挂单可能不小，这可能让行情小跑一段。或许也可能是在10：00、10：30、11：00等的时间，因为这可能是程序化交易使用30分钟K，若当时又突破某支撑压力时，行情可能会小跑一段。

当然可能有人也有其独家的秘诀，例如，1分钟内行情跑了10个ticks以上，就立即进场，若下一分钟没碰到出场价，则立即出场，至于其细部逻辑旁人自不得而知。

（2）日内波动交易方式

这种交易方法则是依照较大的趋势或目前市场热度，按计划一天只做一个方向，避免两面被打耳光，而一天交易最多不超过5次，连续两次失败则当日不再进场。

一般人可能会使用1分钟至5分钟的K线来交易，也通常会使用一些技术指标（若有跳空则暂不使用指标）、型态或支撑压力价位来协助进出场。

此种交易策略，通常会以达到目标获利或进场条件消失即出场，止损也会依先前计划好的方式如先前高低点、支撑压力价或指标来进行，其目标的获利大约在0.2%～0.5%左右。

由于此种交易也非常需要耐心，看了一整天的盘，一天才做一两次的交易，非常需要控制力，千万不能失去耐心。而此种交易，也需要盘后仔细复盘，要求自己不再犯相同的错误，这也是一般交易员常常会使用的方式。

（3）日内大波动交易策略

一般也称全垒打策略，希望当日的日内走势一路到底，而在此走势中通过不断的加码来取得大利润。此种策略是希望在为数不多的大行情中能赚到很大的获利。而此种方法也是我们常常看到有些高手晒获利非常好的标准型式，也是很多人用来宣传一天赚数十倍的典型交易。

在国内，不足30%日内波动超过1%以上（跳空的无法日内交易故不算），而当日只走一个方向的又仅仅只有不到10%，所以能赚大钱的日子可说是少之又少，但赚到一次，可以让你把过去数月止损的损失一次赚回，还绰绰有余。

此种交易希望在日内有1.5%至10%单方向以上走势，而日内能赚走势的至少1%以上。此种交易者有自己心中的理想走势，若不符合则止损出场，一天最多仅做2次交易。而此交易的机会常发生的日期可能在震荡走势的压缩中、均线纠结后的趋势开始初期、交易量大的高点或国际行情不稳定的日子，这些可能都会有机会。

此种交易方式因为遇到的日子并不多，毕竟大波动不一定日内只有一个方向，加上常常会连续十几天或二十天无法获利，在人性难以掌控下，导致做这种交易的多数人可能在一个日内只赚了一点点就走了，反而无法完成日内大波动交易的目的，所以此交易也非常不容易做好。能做到在没大行情时仅仅小亏，在大行情中赚大钱的，都是市场上非常厉害的交易者。

图10.1　2021年3月3日及4日300ETF的1分钟K走势图

（若是日内大波动交易者可能获利丰富，而日内波动交易者可能只能赚到一点点）

（4）波段趋势交易

此种交易即是我们所谓的趋势交易，可能持仓时间较长，在趋势转变前或达目标获利前，继续持有仓位。

此种交易者，可能使用15分、30分钟、60分钟，甚至于日K线来做出进出场产生信号的时间架构。而基本款则是属于此种方式。

由于此种交易持仓时间较长，所以其获利和止损的金额会较大也较难以控制。例如，我们在趋势交易中，可能止损为总资金的2%，但每次交易的期望获利是5%，但因为隔日的跳空，使我们的停损有时会达到3%，让此交易的短期确定性不稳定。但这也是从股票交易者转到衍生品交易一般较适合的节奏。许多人总是会觉得此种方法节奏太慢，赚钱太慢而无法忍受，导致在没有趋势时一直止损到受不了而乱做，趋势来临时抱不住仓位，所以在交易上也算不容易做好。

最后

我个人觉得这篇文章很重要，特别是对那些一直无法稳定获利或是在交易上一直抓不到自己节奏的朋友。你一定要好好审视自己适合哪一类的交易，别白白浪费了许多时间不知所云地学习交易，或一直在找新的交易方法却无法让自己定性。只要有了自己的属性，练习起来自然事半功倍。

延伸阅读

媲美《富爸爸穷爸爸》，教你如何提前退休

➡《财富自由之路：ETF定投的七堂进阶课》

作者：徐华康

*这本书适合那些愿意用二十年时间轻松简单地实现财务自由的人，而不是那些希望在三五年内快速实现财务自由的人

*什么东西一定会上涨？这么多年来，从股票到衍生品，除了纯粹的套利交易确定性较高外，只有指数在过去十几年来是一直向上的

*投资保守的失恋青年小刘，投资激进的过气女主播静静，神秘的客栈老板老徐，因缘际会相遇在大理，三个人，七堂课，在旅行的故事中走向属于自己的财富自由之路

国内第一本小说体期权交易实战指南

➡《我当交易员的日子：期权波动率交易核心策略与技巧》

作者：徐华康、王美超

*国内罕见的“小说体”期权交易实战指南

*浓缩两位操盘无数的期权“老鬼”的期权波动率交易经验，说透期权波动率交易的核心策略与技巧

*经验丰富的一线期权交易员在期权波动率交易中的所思、所想、所感、所悟，真实再现中国股票期权市场诞生以来的机会与风险

延伸阅读

比《华尔街幽灵》更真实，比《海龟交易法则》更有效

➡《交易的真相》

作者：极地之鹰

*毫不吝啬地和盘托出在交易之路上的经验和教训，层层递进地指出交易历程中存在的误区，一层层地剥掉投资领域里随处可见的“皇帝的新衣”，让“交易的真相”水落石出

*9年交易经验的交易员作者在书中完整公开了自己价值千金的交易系统，并经过历时半年的实验证明其有效性

*言简意赅，不啰嗦、不堆砌，通篇干货，思人所不能思，写人所不敢写

知乎作者赛博格Cyborg对交易系统框架、原理及构建的完美阐释

➡《交易的逻辑与艺术》

作者：陈侃迪

*作者将自己近年来在交易之路上的经验总结毫不吝啬地与读者分享，书中关于交易系统的四种情形和临界点、交易中不可能三角的描述分析，是国内难得的关于交易系统底层逻辑的原创思考

*只要在市场交易，你的交易系统就和市场状况、基本假设及仓位资金管理脱离不了关系，本书给了我们交易人最深刻的心灵深处的问题的解答

延伸阅读

➡《乌合之众：大众心理研究》

“《乌合之众》是一本可怕的书，他将社会大众的心理阴暗面毫不掩饰地暴露在阳光之下，别有用心的人甚至可以利用群体的种种心理弱点作为其权力与财富的抓手。”

——“金融大鳄”索罗斯

➡《大癫狂：非同寻常的大众幻想与群众性癫狂》

“数学不能控制金融市场，而心理因素才是控制市场的关键。更确切地说，只有掌握住群众的本能才能控制市场，即必须了解群众将在何时以何种方式聚在某一种股票货币或商品周围，投资者才有成功的可能。”

——“金融大鳄”索罗斯

“只要如此愚蠢的行为能够继续存在下去，那么一个真正理性的投资者始终有望利用大众的疯狂为自己谋利。具有常识的个体很容易觉察到集体的疯狂，个体将会借此获取巨额的利润。”

——查尔斯·麦基